O QUE VOCÊ QUER TER QUANDO CRESCER?

UM GUIA SOBRE BOLSA DE VALORES, INTELIGÊNCIA EMOCIONAL E ANÁLISE TECNICA

Prólogo

Desvendando o Propósito: Uma Jornada em Busca da Verdadeira Riqueza

Desde tempos imemoriais, o conceito de riqueza tem sido muito mais do que apenas números em uma conta bancária. É uma ideia multifacetada, que transcende as moedas, investimentos e bens materiais, abordando também propósito, liberdade, bem-estar emocional, saúde e felicidade. O livro "O Que Você Quer TER Quando Crescer?" é uma reflexão profunda sobre essa ideia, explorando os caminhos que nos levam a uma vida verdadeiramente rica, significativa e equilibrada.

A busca pela prosperidade financeira nunca deve ser vista como um fim em si mesma, mas como uma ferramenta para alcançar nossos maiores sonhos e objetivos pessoais. Ao longo das páginas deste livro, vamos explorar não apenas estratégias financeiras, mas também o poder da inteligência emocional, do planejamento consciente e do autoconhecimento como pilares fundamentais para construir um futuro pleno.

Escrever este livro foi mais do que uma tarefa; foi uma jornada pessoal, repleta de aprendizado, autodescoberta e esperança. Cada conceito, cada estratégia e cada reflexão aqui apresentados são frutos de anos de experiência, estudos, práticas e lições que a vida me ensinou. Este projeto só foi possível graças a pessoas especiais que me inspiraram, que acreditaram em mim e me apoiaram nos momentos de incerteza.

Assim como todos nós, você leitor está em busca de respostas para as perguntas mais fundamentais da existência: O que é viver bem? O que é prosperidade? O que realmente quero ter quando crescer? Este livro é um convite para que você embarque em uma jornada de autoconhecimento, planejamento e descoberta — um processo em que você será encorajado a equilibrar suas metas financeiras com seus sonhos mais profundos e seus propósitos de vida.

Se você é um investidor experiente ou alguém que está apenas começando a explorar o mundo das finanças e investimentos, este livro foi feito para você. Meu maior objetivo é que as informações aqui contidas sejam um guia claro, inspirador e prático para todas as etapas da sua jornada financeira e pessoal.

Prepare-se para explorar o mundo dos investimentos, o papel da inteligência emocional, as estratégias financeiras de longo prazo e o equilíbrio essencial entre saúde, bem-estar e segurança financeira. Ao longo do caminho, você descobrirá que a verdadeira riqueza reside não apenas no que você possui, mas no que você se torna ao longo da jornada.

A cada capítulo, espero que você se inspire, reflita e seja motivado a tomar as ações necessárias para criar uma vida que tenha propósito, significado e equilíbrio — uma vida que represente verdadeiramente aquilo que você deseja TER quando crescer.

Com sinceridade e esperança, convido você a virar a página e iniciar esta jornada transformadora.

Bem-vindo ao início de sua própria história.

Introdução

Todos nós já ouvimos a clássica pergunta na infância: "O que você quer ser quando crescer?" Uma questão simples, mas poderosa, que estimulou nossa imaginação, nos fez sonhar com o futuro e vislumbrar possibilidades ilimitadas. No entanto, e se pudéssemos transformar essa pergunta em algo maior e mais significativo? E se, ao invés de pensar apenas em profissões, ajustássemos a questão para: "O que você realmente quer TER quando crescer?"

Bem-vindo(a) a "O Que Você Realmente Quer TER Quando Crescer?" - um livro completo que o guiará em uma jornada de aprendizado e autodescoberta pelo universo dos investimentos, análise técnica e inteligência emocional. Este não é apenas mais um livro sobre finanças ou mercado financeiro. É um convite para transformar sua relação com o dinheiro, suas emoções e seu futuro.

Aqui, não prometemos fórmulas mágicas ou soluções instantâneas. Em vez disso, abordaremos os tópicos com clareza, praticidade e embasamento, oferecendo informações desde conceitos básicos até estratégias avançadas. Cada capítulo é uma oportunidade para adquirir conhecimento prático e aplicável, com foco no seu desenvolvimento pessoal e financeiro.

Se você está começando agora ou já tem experiência no mercado financeiro, este livro foi pensado para você. Por meio de exemplos reais e ilustrações práticas, você aprenderá como aplicar cada conceito no mundo real e como combinar inteligência emocional e análise técnica para tomar decisões mais seguras e conscientes. O conhecimento é poder, mas apenas quando aplicado de maneira estratégica e fundamentada.

Neste livro, vamos explorar histórias inspiradoras de investidores reais, compartilhar lições valiosas de sucesso e fracassos, e mostrar que a paciência, a persistência e o aprendizado contínuo são as chaves para alcançar o sucesso financeiro e pessoal. O objetivo é ajudar você a adotar uma mentalidade de crescimento, alinhando seus objetivos financeiros com suas emoções e ações.

Portanto, prepare-se para embarcar em uma jornada de autoconhecimento, aprendizado e transformação. Este livro é mais do que uma obra sobre investimentos e finanças. Ele é um guia prático para você construir o futuro que realmente deseja.

Pegue sua bagagem de sonhos e ambições e junte-se a mim nesta viagem. Vamos juntos explorar os segredos dos mercados, a análise técnica, a inteligência emocional e a construção de uma mentalidade próspera.

O que você quer TER quando crescer está ao seu alcance. Este livro será seu guia para transformar essa visão em realidade. Prepare-se para prosperar!

Agradecimentos

Ao embarcar na jornada de escrever "O que você quer TER quando crescer?", jamais imaginei que esta obra se tornaria algo tão significativo. Agora percebo que a verdadeira grandiosidade deste livro só foi possível graças a cada pessoa que, direta ou indiretamente, tornou este projeto realidade.

Primeiramente, quero expressar minha mais sincera gratidão a você, querido leitor. Seja você um iniciante interessado em investimentos ou um profissional experiente, sua confiança em dedicar seu tempo a cada palavra escrita torna este livro mais que uma obra: torna-o uma experiência compartilhada. O conhecimento aqui apresentado ganha significado quando é acolhido por corações curiosos e dispostos a aprender.

Gostaria de agradecer a pessoas especiais que foram verdadeiros pilares durante todo este processo:

Márcia Cristina Amaral Sena, minha ex-diretora, cuja confiança em meu potencial e incentivo em momentos desafiadores foram fundamentais para que eu prosseguisse, mesmo quando o caminho parecia incerto.

Aos amigos que se tornaram irmãos: Eduardo Dias, Danilo Andrade, Eduardo Gonzaga, Jessé Valença, Pollyana Lessa e Ícaro Café. Vocês estiveram ao meu lado em todos os momentos, compartilhando tanto os desafios quanto as vitórias. Sua amizade é, sem dúvida, um dos maiores presentes desta jornada.

Ao meu querido avô, Bartolomeu Sacerdote de Andrade, cuja força, sabedoria e exemplo diário me servem como fonte constante de inspiração para me tornar uma pessoa melhor a cada dia.

Minha tia Anadélia Mota de Andrade, que sempre esteve presente com seu carinho incondicional e apoio constante, iluminando meu caminho nos momentos mais incertos da vida.

Minha tia Analice Andrade, que, desde a infância, me inspirou ao compartilhar o amor pelos livros e pelo conhecimento. Sua generosidade em apresentar-me ao mundo da leitura foi o combustível inicial para minha busca constante por aprendizado.

A todos os primos e primas que, em cada conversa ou experiência compartilhada, contribuíram de alguma forma para meu crescimento pessoal: meu mais sincero agradecimento. O vínculo familiar é um bem precioso, que me impulsionou a evoluir e buscar sempre o melhor para mim.

Por fim, agradeço profundamente a todos os leitores que deram vida e significado a cada página deste livro. Vocês tornaram esta obra muito mais do que um simples projeto pessoal. Cada palavra foi escrita com o objetivo de inspirar, educar e transformar, e isso só foi possível graças ao seu interesse e confiança. Este livro é um farol de esperança e conhecimento, e meu maior desejo é que ele continue guiando você em sua própria jornada de crescimento e autodescoberta.

Obrigado por fazerem parte desta caminhada. Sem vocês, estas páginas seriam apenas palavras no papel. Com vocês, tornaram-se uma verdadeira jornada de aprendizado e transformação.

Com imensa gratidão,
Bruno Andrade

Mapa do Conhecimento

Capítulo 1: A História das Bolsas de Valores

Introdução: Descobrindo as Raízes das Bolsas de Valores

- A importância histórica das bolsas de valores

- Os primeiros mercados financeiros e sua evolução ao longo do tempo

Seção 1: Origens Antigas

1.1 Os mercados de grãos da Mesopotâmia

1.2 Os mercadores fenícios e suas práticas comerciais

1.3 As casas de câmbio na Roma Antiga

Seção 2: Os Pilares do Sistema Moderno

2.1 A criação da Bolsa de Valores de Antuérpia

2.2 O surgimento das bolsas de valores em Londres e Paris

2.3 A influência da Companhia das Índias Orientais na formação das bolsas

Seção 3: A Revolução Industrial e Além

3.1 O impacto da Revolução Industrial nas bolsas de valores

3.2 A criação da Bolsa de Valores de Nova York e a ascensão de Wall Street

3.3 A globalização e a interconexão das bolsas de valores

Capítulo 2: Construindo Patrimônio: Estratégias para o Sucesso Financeiro

Introdução: O Significado do Patrimônio

- Compreendendo a importância de construir um patrimônio sólido

- Os benefícios de ter uma base financeira estável e sustentável

Seção 1: Orçamento e Controle de Gastos

1.1 Estabelecendo um orçamento realista e sustentável

1.2 Identificando e reduzindo gastos supérfluos

1.3 Criando um plano de economia e investimento regular

Seção 2: Investimentos de Longo Prazo

2.1 Explorando opções de investimento de longo prazo, como ações e imóveis

2.2 Diversificando sua carteira para minimizar riscos

2.3 Maximizando retornos por meio de estratégias de investimento de longo prazo

Seção 3: Planejamento de Aposentadoria

3.1 Entendendo as opções de planejamento de aposentadoria, como fundos de pensão e planos de previdência

3.2 Avaliando suas necessidades e estabelecendo metas de aposentadoria

3.3 Criando um plano de ação para garantir uma aposentadoria confortável

Capítulo 3: Construindo Patrimônio: O Pilar da Prosperidade Financeira

Introdução: A Importância de Construir Patrimônio

- Entendendo o conceito de patrimônio e sua relação com a prosperidade financeira

- Explorando os benefícios de construir um patrimônio sólido ao longo do tempo

Seção 1: Fundamentos para Construir Patrimônio

1.1 Definindo metas financeiras claras e alcançáveis

1.2 Desenvolvendo um plano de poupança e investimento consistente

1.3 Gerenciando dívidas e evitando armadilhas financeiras

Seção 2: Estratégias para Aumentar seu Patrimônio

2.1 Investindo em ativos que geram renda passiva

2.2 Explorando oportunidades de investimento de longo prazo

2.3 Maximizando a eficiência fiscal e otimizando os retornos dos investimentos

Seção 3: Protegendo e Preservando seu Patrimônio

3.1 Avaliando opções de seguros para proteger seus ativos e mitigar riscos

3.2 Planejando a sucessão patrimonial e a transferência de riqueza para futuras gerações

3.3 Incorporando a filantropia em sua estratégia de construção de patrimônio

Capítulo 4: Construindo Patrimônio: Caminhos para o Sucesso Financeiro

Introdução: A Importância de Construir Patrimônio de Forma Saudável

- Os diferentes tipos de patrimônio e como eles contribuem para a segurança financeira

Seção 1: Fundamentos do Investimento

1.1 Estabelecendo metas financeiras claras

1.2 Gerenciando o risco e diversificando investimentos

1.3 Entendendo a importância do tempo no crescimento do patrimônio

Seção 2: Estratégias de Investimento

2.1 Investindo em ações e títulos

2.2 Explorando o potencial dos fundos mútuos e ETFs

2.3 Considerando investimentos alternativos: imóveis, commodities, criptomoedas

Seção 3: Planejamento Financeiro a Longo Prazo

3.1 Construindo um plano de aposentadoria sólido

3.2 Gerenciando dívidas e maximizando o uso do crédito

3.3 Preservando o patrimônio e criando um legado financeiro

A Jornada para a Prosperidade Financeira

- Recapitulação dos principais pontos abordados no livro

- Inspirando os leitores a agirem e buscarem seus objetivos financeiros

Capítulo 5: Construindo Patrimônio para o Futuro

Introdução: A Importância de Construir patrimônio para o Futuro

- Compreendendo o conceito de patrimônio e seu papel na segurança financeira

- Explorando as diferentes formas de construir patrimônio ao longo do tempo

Seção 1: Estabelecendo uma Mentalidade de Construção de Patrimônio

1.1 Cultivando a Mentalidade de Abundância

1.2 Investindo em Conhecimento e Aprendizado

1.3 Adotando uma Mentalidade de Investidor

Seção 2: Estratégias para Construção de Patrimônio

2.1 Explorando diferentes veículos de investimento, como ações, imóveis e fundos de investimento

2.2 Diversificando o portfólio de investimentos para reduzir riscos

2.3 Utilizando técnicas de alavancagem financeira de forma responsável

Seção 3: Protegendo e Crescendo seu Patrimônio

3.1 Gerenciando riscos e protegendo seus ativos com seguros adequados

3.2 Monitorando e ajustando seu portfólio de investimentos regularmente

3.3 Explorando oportunidades de crescimento, como empreendedorismo e investimentos alternativos

O Caminho para o Sucesso Financeiro

- Relembrando os principais princípios e estratégias abordados no livro

- Encorajando os leitores a colocar em prática os ensinamentos e buscar o crescimento financeiro sustentável

Capítulo 6: O Caminho para o Sucesso: Transformando-se em um Investidor de Destaque

Introdução: A Jornada do Investidor

- Compreendendo as etapas do desenvolvimento como investidor

- Os traços e habilidades necessários para se tornar um investidor de destaque

Seção 1: Educação Financeira e Autoaperfeiçoamento

1.1 A importância do conhecimento e da educação financeira

1.2 Desenvolvendo habilidades de análise e pesquisa

1.3 Investindo em si mesmo: cursos, workshops e mentores

Seção 2: Definindo uma Estratégia de Investimento

2.1 Identificando seu perfil de investidor

2.2 Estabelecendo objetivos claros e realistas

2.3 Construindo uma carteira diversificada e equilibrada

Seção 3: Tomada de Decisões Inteligentes

3.1 Análise fundamentalista vs. análise técnica: encontre sua abordagem

3.2 Avaliando empresas e setores com precisão

3.3 Fazendo escolhas informadas com base em dados e tendências

Capítulo 7: O Caminho para o Sucesso: Tornando-se um Investidor de Sucesso

Introdução: Reflexões sobre a Jornada do Investidor

- Recapitulando os principais conceitos e lições aprendidas ao longo do livro

- Preparando-se para embarcar na jornada de se tornar um investidor de sucesso

Seção 1: Construindo seu Conhecimento

1.1 Investindo na sua educação financeira contínua

1.2 Utilizando fontes confiáveis e recursos para se manter atualizado sobre o mercado financeiro

1.3 Buscando mentores e networking para expandir seu conhecimento e obter insights valiosos

Seção 2: Desenvolvendo uma Mentalidade de Longo Prazo

2.1 A importância de ter uma visão de longo prazo ao investir

2.2 Evitando reações impulsivas a flutuações de curto prazo no mercado

2.3 Mantendo a disciplina e a perseverança mesmo diante de desafios

Seção 3: Adaptando-se à Mudança

3.1 Reconhecendo que o mundo dos investimentos está em constante evolução

3.2 Aprendendo a se adaptar a novas tecnologias, regulamentações e tendências do mercado

3.3 Mantendo uma mentalidade aberta e flexível para aproveitar as oportunidades que surgem

A Jornada do Investidor: Rumo à Prosperidade Financeira e Realização Pessoal

- Recapitulação dos principais temas e estratégias abordados no livro

- Inspiração final para os leitores seguirem em frente e se tornarem investidores de sucesso

Capítulo 8: Da Teoria à Prática: Tornando-se um Investidor de Sucesso

Introdução: Transformando Conhecimento em Ação

- A importância de aplicar os conceitos e estratégias aprendidos ao longo do livro

- Superando a inércia e o medo para iniciar sua jornada como investidor

Seção 1: Preparando-se para Investir

1.1 Definindo sua tolerância ao risco e objetivos financeiros

1.2 Estabelecendo um plano de investimento personalizado

1.3 Escolhendo uma corretora e abrindo sua conta de investimento

Seção 2: Construindo um Portfólio de Investimentos

2.1 Diversificando seu portfólio com diferentes classes de ativos

2.2 Selecionando empresas sólidas e fundamentadas para investir em ações

2.3 Avaliando e selecionando fundos de investimento alinhados aos seus objetivos

Seção 3: Gerenciando e Acompanhando seus Investimentos

3.1 Estabelecendo uma rotina de monitoramento e análise do desempenho de seus investimentos

3.2 Reavaliando e ajustando seu portfólio conforme necessário

3.3 Utilizando ferramentas e recursos para facilitar o acompanhamento de suas posições

Seção 4: Aprendendo com os Erros e Adaptando-se ao Mercado

4.1 Lidando com as perdas e aprendendo com os erros de investimento

4.2 Ajustando sua estratégia conforme as mudanças do mercado

4.3 Buscando educação contínua e se mantendo atualizado sobre as tendências do mercado

Capítulo 9: O Poder da Persistência e da Paciência

Introdução: O Caminho para a Riqueza

- Reconhecendo a importância da persistência e paciência nos investimentos

- Os benefícios de manter uma abordagem disciplinada e de longo prazo

Seção 1: Aprendendo com a História

1.1 Explorando casos de sucesso de investidores renomados

1.2 Compreendendo a importância de superar desafios e continuar perseverando

1.3 Encontrando inspiração em histórias de sucesso passadas

Seção 2: Mantendo-se Atualizado e Adaptável

2.1 Acompanhando as mudanças no mercado e nas tendências de investimento

2.2 Aprendendo com erros e ajustando sua abordagem conforme necessário

2.3 Cultivando uma mentalidade de aprendizado contínuo e melhoria pessoal

Seção 3: Celebrando as Conquistas e Definindo Novas Metas

3.1 Reconhecendo e valorizando suas conquistas financeiras

3.2 Estabelecendo novas metas de crescimento e prosperidade

3.3 Mantendo-se motivado e focado no longo prazo

Alcançando a Liberdade Financeira e a Realização Pessoal

- Recapitulação dos principais temas e estratégias abordados no livro

- Inspirando os leitores a persistirem em seu caminho para a riqueza e o sucesso

Capítulo 10: O Poder da Disciplina e do Planejamento

Introdução: A Importância da Disciplina Financeira

- Compreendendo o papel crucial da disciplina nos investimentos

- Os benefícios de um planejamento financeiro sólido e estruturado

Seção 1: Estabelecendo Metas Financeiras

1.1 Identificando e definindo metas financeiras claras e realistas

1.2 Criando um plano de ação para alcançar essas metas

1.3 Acompanhando o progresso e fazendo ajustes conforme necessário

Seção 2: Desenvolvendo Hábitos Financeiros Saudáveis

2.1 Cultivando o hábito de economizar regularmente

2.2 Evitando dívidas excessivas e gerenciando o endividamento

2.3 Automatizando finanças para facilitar o controle e a disciplina

Seção 3: Tomando Decisões Financeiras Inteligentes

3.1 Avaliando cuidadosamente oportunidades de investimento e riscos associados

3.2 Evitando armadilhas financeiras comuns e decisões impulsivas

3.3 Consultando profissionais financeiros para obter orientação e suporte

Capítulo 11: Mantendo a Disciplina e a Paciência

- Explorando estratégias para adquirir e atualizar seu conhecimento financeiro

Seção 1: Buscando a Excelência como Investidor

1.1 A Importância da Disciplina Financeira

1.2 Lidando com a Volatilidade e a Imprevisibilidade do Mercado

1.3 Foco nos Resultados a Longo Prazo

1.4 Aprendendo com as Experiências e Adaptando-se

Seção 2: Buscando o Conhecimento e a Atualização Constante

2.1 Promovendo a educação financeira contínua e o desenvolvimento pessoal

2.2 Utilizando fontes confiáveis de informação e pesquisa para tomar decisões informadas

2.3 Participando de comunidades de investidores para compartilhar conhecimentos e experiências

O Poder da Educação Financeira e da Ação

- Refletindo sobre a jornada do investidor de sucesso e o poder transformador da educação financeira

- Encorajando os leitores a aplicarem os ensinamentos e seguirem em busca de seus objetivos financeiros

Capítulo 12: A Jornada do Investidor: Rumo à Prosperidade Financeira e Realização Pessoal

Introdução: O Poder da Jornada do Investidor

- Refletindo sobre a jornada percorrida e as transformações pessoais ao longo do livro

- Compreendendo a relação entre prosperidade financeira e realização pessoal

Seção 1: Encontrando Equilíbrio e Satisfação

1.1 Definindo seus próprios critérios de sucesso financeiro e pessoal

1.2 Buscando equilíbrio entre vida pessoal, trabalho e investimentos

1.3 Desenvolvendo uma mentalidade de gratidão e contentamento ao longo da jornada

Seção 2: Impacto e Responsabilidade Social

2.1 Compreendendo o papel dos investidores na criação de um impacto positivo na sociedade

2.2 Incorporando princípios de investimento responsável e sustentável

2.3 Explorando oportunidades de investimento socialmente consciente

O Futuro do Investimento e a Jornada Continua

- Recapitulando as lições aprendidas e os principais temas abordados no livro

- Inspirando os leitores a continuar sua jornada de investimento e crescimento pessoal

Capítulo 13: A Jornada do Investidor: Aprendendo com Experiências Passadas

Introdução: A Importância da Experiência no Mundo dos Investimentos

- Reconhecendo o valor das experiências passadas no aprimoramento da estratégia de investimento

- Os benefícios de aprender com erros e sucessos anteriores

Seção 1: Lidando com Riscos e Perdas

1.1 Compreendendo a natureza dos riscos nos investimentos

1.2 Desenvolvendo resiliência emocional para lidar com perdas financeiras

1.3 Utilizando experiências passadas para tomar decisões mais informadas

Seção 2: Aproveitando Oportunidades de Crescimento

2.1 Identificando e capitalizando oportunidades de investimento promissoras

2.2 Aprendendo com casos de sucesso e estratégias bem-sucedidas

2.3 Ajustando a abordagem de investimento com base em lições aprendidas

Seção 3: Adaptando-se a Mudanças no Mercado

3.1 Reconhecendo sinais de mudanças no mercado financeiro

3.2 Aprendendo a se adaptar e ajustar estratégias de investimento conforme necessário

3.3 Utilizando a sabedoria adquirida ao longo da jornada para se manter resiliente e bem-sucedido

O Caminho para a Prosperidade Financeira e a Realização Pessoal

- Recapitulação dos principais temas e estratégias abordados no livro

- Inspirando os leitores a abraçarem a disciplina, o planejamento e a aprendizagem contínua para alcançar a riqueza e o sucesso

Capítulo 14: Inteligência Emocional nos Investimentos

Introdução: O Papel das Emoções nos Investimentos

- Compreendendo a influência das emoções nas decisões financeiras

- Os benefícios de desenvolver inteligência emocional no contexto dos investimentos

Seção 1: Consciência Emocional e Autogerenciamento

1.1 Reconhecendo e compreendendo suas próprias emoções ao investir

1.2 Aprendendo a lidar com o medo, a ganância e outros sentimentos comuns no mercado financeiro

1.3 Praticando técnicas de autogerenciamento emocional para tomar decisões mais ponderadas

Seção 2: Empatia e Relacionamentos Interpessoais

2.1 Entendendo a importância da empatia nas interações com outros investidores e profissionais do mercado

2.2 Construindo relacionamentos saudáveis e produtivos no contexto dos investimentos

2.3 Aproveitando o poder das conexões e colaborações para obter melhores resultados

Seção 3: Resiliência e Aprendizado

3.1 Desenvolvendo resiliência emocional para lidar com desafios e contratempos no mercado financeiro

3.2 Utilizando as experiências adversas como oportunidades de aprendizado e crescimento

3.3 Cultivando uma mentalidade de resiliência e aprendizado contínuo para se tornar um investidor mais forte

Capítulo 15: Navegando pelas Emoções dos Investimentos

- Compreendendo a influência das emoções nas decisões financeiras

- Reconhecendo os desafios emocionais enfrentados pelos investidores

Seção 1: Dominando a Inteligência Emocional

1.1 Desenvolvendo autoconsciência emocional para tomar decisões mais conscientes

1.2 Gerenciando emoções negativas, como medo e ganância, durante as flutuações do mercado

1.3 Cultivando empatia e compreensão para lidar com os comportamentos irracionais do mercado

Seção 2: Construindo Resiliência e Disciplina

2.1 A importância da resiliência para enfrentar os altos e baixos do mercado

2.2 Implementando práticas de autocontrole para evitar decisões impulsivas e prejudiciais

2.3 Estabelecendo rotinas e hábitos que promovam disciplina nos investimentos

Seção 3: Estratégias para Lidar com o Estresse Financeiro

3.1 Adotando técnicas de gerenciamento do estresse, como meditação e exercícios físicos

3.2 Buscando suporte emocional através de redes de apoio e comunidades de investidores

3.3 Praticando o autocuidado e encontrando um equilíbrio saudável entre a vida financeira e pessoal

Capítulo 16: Superando os Desafios Psicológicos dos Investimentos

Introdução: A Psicologia dos Investimentos

- Compreendendo como as emoções e os vieses cognitivos afetam as decisões de investimento

- Reconhecendo a importância de desenvolver uma mentalidade equilibrada e racional

Seção 1: Controlando o Medo e a Ganância

1.1 Explorando o medo e a aversão ao risco e como eles podem impactar as decisões de investimento

1.2 Compreendendo a ganância e a tendência de buscar retornos irrealisticamente altos

1.3 Estratégias para controlar e superar essas emoções negativas

Seção 2: Lidando com a Incerteza e a Volatilidade

2.1 Aceitando a natureza intrínseca da incerteza no mercado financeiro

2.2 Desenvolvendo resiliência e adaptabilidade diante da volatilidade do mercado

2.3 Utilizando técnicas de análise e gerenciamento de risco para lidar com a incerteza

Seção 3: Tomando Decisões Racionais e Disciplinares

3.1 Evitando armadilhas cognitivas, como o viés de confirmação e a ancoragem

3.2 Desenvolvendo um processo de tomada de decisão baseado em informações e análise

3.3 Mantendo a disciplina e aderindo a uma estratégia de investimento a longo prazo

Capítulo 17: Superando Desafios e Lidando com a Adversidade

Introdução: Os Desafios do Mercado Financeiro

- Reconhecendo os obstáculos comuns enfrentados pelos investidores

- Desenvolvendo resiliência e adaptabilidade para superar os desafios

Seção 1: Gerenciando o Medo e a Ganância

1.1 Controlando o medo: lidando com a volatilidade e as quedas do mercado

1.2 Evitando a ganância excessiva: estabelecendo limites e evitando especulações arriscadas

1.3 Desenvolvendo resiliência e controle emocional

Seção 2: Lidando com Perdas e Recuperações

2.1 Aceitando e aprendendo com as perdas

2.2 Estratégias de recuperação: reavaliação, ajuste e reinvestimento

2.3 Mantendo-se focado nos objetivos a longo prazo

Seção 3: Adaptando-se a Mudanças e Tendências

3.1 Acompanhando a evolução do mercado e da economia

3.2 Identificando oportunidades em novos setores e tecnologias

3.3 Aprendendo com os erros do passado para se adaptar às mudanças futuras

Tornando-se um Investidor de Sucesso

- Recapitulação dos principais conceitos e estratégias abordadas no livro

- Inspirando os leitores a se dedicarem ao crescimento financeiro e à conquista de seus sonhos

Capítulo 18: Inteligência Emocional: O Fator Humano nos Investimentos

Introdução: Compreendendo a Importância da Inteligência Emocional

- O impacto das emoções nas decisões financeiras

- Desenvolvendo a inteligência emocional para uma melhor tomada de decisão

Seção 1: Autoconsciência e Autocontrole

1.1 Reconhecendo e gerenciando emoções negativas

1.2 Evitando decisões impulsivas e movimentos irracionais

1.3 Cultivando a paciência e a disciplina

Seção 2: Empatia e Relacionamentos Interpessoais

2.1 Compreendendo as emoções dos outros investidores

2.2 Lidando com a influência das massas e o comportamento de manada

2.3 Construindo relacionamentos colaborativos no mercado financeiro

Seção 3: Resiliência e Adaptabilidade

3.1 Lidando com perdas e fracassos no mercado

3.2 Aprendendo com os erros e ajustando estratégias

3.3 Mantendo a mentalidade positiva e perseverando em tempos difíceis

Capítulo 19: O Poder da Inteligência Emocional nos Investimentos

Introdução: O Papel da Inteligência Emocional nos Investimentos

- Compreendendo a importância das emoções na tomada de decisões financeiras

- Os benefícios de desenvolver habilidades de inteligência emocional para investidores

Seção 1: Autoconsciência e Autogerenciamento

1.1 Reconhecendo e compreendendo suas próprias emoções

1.2 Gerenciando o estresse e a ansiedade durante períodos de volatilidade

1.3 Cultivando a disciplina e o autocontrole nas decisões de investimento

Seção 2: Empatia e Relacionamentos Interpessoais

2.1 Compreendendo as emoções dos outros investidores e do mercado

2.2 Construindo relacionamentos colaborativos e redes de apoio

2.3 Lidando com conflitos e negociações no mundo dos investimentos

Seção 3: Resiliência Emocional e Adaptabilidade

3.1 Superando obstáculos e contratempos emocionais

3.2 Adaptando-se a mudanças e desafios do mercado

3.3 Encontrando oportunidades de crescimento emocional nos investimentos

Capítulo 20: Inteligência Emocional nos para tomada de decisões

Introdução: O Papel da Inteligência Emocional na Tomada de Decisões Financeiras

- Explorando a importância de desenvolver a inteligência emocional para obter resultados positivos nos investimentos

Seção 1: Autoconhecimento e Gestão Emocional

1.1 Reconhecendo e compreendendo as emoções relacionadas aos investimentos

1.2 Desenvolvendo habilidades de autogerenciamento para lidar com a ansiedade e o medo no mercado financeiro

1.3 Utilizando técnicas de relaxamento e mindfulness para manter a calma e o equilíbrio emocional

Seção 2: Empatia e Relacionamentos Interpessoais

2.1 Desenvolvendo empatia e compreensão para interpretar o comportamento do mercado e dos investidores

2.2 Construindo relacionamentos saudáveis com mentores, colegas investidores e especialistas financeiros

2.3 Utilizando habilidades de comunicação eficaz para evitar conflitos e colaborar em estratégias de investimento

Seção 3: Adaptabilidade e Resiliência

3.1 Adotando uma mentalidade flexível e adaptável diante das mudanças do mercado

3.2 Aprendendo com os erros passados e ajustando a estratégia de investimento conforme necessário

3.3 Cultivando a resiliência para lidar com as adversidades e voltar a se recuperar após perdas financeiras

Capítulo 21: Análise Técnica: Decifrando os Padrões do Mercado

Introdução: O Papel da Análise Técnica nos Investimentos

- O que é análise técnica e por que é relevante para os investidores

- A relação entre análise técnica e análise fundamentalista

Seção 1: Princípios Básicos da Análise Técnica

1.1 Gráficos de preços: linhas, barras e candlesticks

1.2 Tendências e reversões de tendência

1.3 Suportes, resistências e níveis-chave

Seção 2: Indicadores Técnicos e Ferramentas de Análise

2.1 Médias móveis e seus diferentes usos

2.2 Osciladores: RSI, MACD, Estocástico

2.3 Bandas de Bollinger e outros indicadores de volatilidade

Seção 3: Padrões Gráficos e Estratégias

3.1 Padrões de continuação: triângulos, bandeiras, cunhas

3.2 Padrões de reversão: cabeça e ombros, duplo fundo, martelo

3.3 Estratégias de trading com base em análise técnica

Capítulo 22: A Arte da Análise Técnica

- Explorando os princípios básicos da análise técnica e seu uso na tomada de decisões de investimento

- Compreendendo as vantagens e limitações da análise técnica

Seção 1: Ferramentas e Indicadores da Análise Técnica

1.1 Identificando e utilizando gráficos de preços para identificar padrões e tendências

1.2 Explorando indicadores técnicos, como médias móveis e osciladores, para obter insights adicionais

1.3 Aplicando conceitos de suporte e resistência na análise técnica

Seção 2: Estratégias de Negociação com Análise Técnica

2.1 Utilizando diferentes estratégias de negociação, como breakouts e reversões de tendência

2.2 Estabelecendo critérios de entrada e saída com base na análise técnica

2.3 Gerenciando o risco e estabelecendo metas de lucro na negociação com análise técnica

Seção 3: Integrando Análise Técnica e Fundamentalista

3.1 Compreendendo a complementaridade entre a análise técnica e a análise fundamentalista

3.2 Utilizando a análise técnica para confirmar ou refutar as conclusões da análise fundamentalista

3.3 Desenvolvendo uma abordagem holística ao tomar decisões de investimento

Capítulo 23: O Futuro dos Investimentos: Tendências e Inovações

Introdução: A Evolução do Mercado Financeiro

- Explorando as principais tendências e mudanças que impactam os investimentos

- Preparando-se para o futuro e aproveitando as oportunidades emergentes

Seção 1: Tecnologia e Investimentos

1.1 O impacto da inteligência artificial e aprendizado de máquina nos investimentos

1.2 Explorando as oportunidades da blockchain e das criptomoedas

1.3 Utilizando ferramentas e aplicativos digitais para facilitar a tomada de decisões

Seção 2: Investimentos Sustentáveis e Responsáveis

2.1 O crescimento da conscientização ambiental e social nos investimentos

2.2 Compreendendo os critérios ESG (Environmental, Social and Governance)

2.3 Encontrando um equilíbrio entre retorno financeiro e impacto positivo no mundo

Seção 3: Acessibilidade e Democratização dos Investimentos

3.1 As mudanças na indústria financeira que tornam os investimentos mais acessíveis

3.2 A importância da educação financeira e inclusão na democratização dos investimentos

3.3 Explorando novas plataformas e modelos de investimento para todos os perfis

O Caminho para a Prosperidade Financeira e Emocional

- Recapitulação dos principais temas e insights abordados no livro

- Inspirando os leitores a aplicarem seus conhecimentos e habilidades para alcançar a riqueza e a felicidade

Capítulo 24: O Futuro dos Investimentos: Tecnologia e Inovação

Introdução: A Transformação Digital no Mercado Financeiro

- Explorando o impacto da tecnologia e da inovação nos investimentos

- Compreendendo as tendências emergentes e seu potencial para moldar o futuro dos investimentos

Seção 1: O Crescimento das Fintechs e das Plataformas de Investimento

1.1 Entendendo o surgimento das fintechs e seu papel na democratização dos investimentos

1.2 Explorando as diferentes plataformas de investimento e suas características distintas

1.3 Avaliando os benefícios e desafios de investir por meio de plataformas digitais

Seção 2: O Papel da Inteligência Artificial e do Big Data nos Investimentos

2.1 Investigando como a inteligência artificial está revolucionando a análise e tomada de decisões financeiras

2.2 Utilizando o poder do big data para identificar tendências e padrões de mercado

2.3 Discutindo os benefícios e considerações éticas do uso da inteligência artificial nos investimentos

Seção 3: Novas Fronteiras de Investimento: Blockchain e Criptomoedas

3.1 Compreendendo a tecnologia blockchain e seu impacto no setor financeiro

3.2 Explorando as oportunidades e desafios das criptomoedas como classe de ativos

3.3 Analisando casos de uso e tendências futuras das criptomoedas no mercado de investimentos

Capítulo 25: O Futuro dos Investimentos e Você

Introdução: Antecipando as Tendências Futuras

- Explorando as mudanças e inovações que moldarão o futuro dos investimentos

- Preparando-se para aproveitar as oportunidades que surgirão no cenário financeiro em evolução

Seção 1: Investimentos em Inteligência Artificial e Tecnologias Disruptivas

1.1 Compreendendo o impacto da inteligência artificial e da automação nos investimentos

1.2 Explorando o potencial de investimento em empresas que impulsionam a inovação tecnológica

1.3 Avaliando os desafios éticos e regulatórios associados a essas tecnologias emergentes

Seção 2: A Era dos Investimentos Personalizados e Acessíveis

2.1 Explorando a democratização dos investimentos e o crescimento das plataformas de negociação online

2.2 Compreendendo a importância da personalização e da gestão de portfólio individualizada

2.3 Aproveitando as ferramentas e recursos disponíveis para otimizar sua estratégia de investimento

Sua Jornada como Investidor

- Recapitulando as principais lições aprendidas ao longo do livro

- Inspirando os leitores a se manterem atualizados e adaptáveis diante das mudanças do mercado financeiro

Capítulo 26: Mantendo-se Atualizado e Adaptável no Mundo dos Investimentos

Introdução: A Necessidade de Atualização Constante

- Compreendendo a importância de se manter atualizado nas tendências e evoluções do mercado financeiro

- Explorando estratégias para se adaptar às mudanças e aproveitar as oportunidades que surgem

Seção 1: Aprendizagem Contínua e Desenvolvimento Profissional

1.1 A importância da educação financeira contínua e do aprimoramento das habilidades de investimento

1.2 Explorando recursos educacionais e plataformas de aprendizado para se manter atualizado

1.3 Participando de eventos, conferências e grupos de investimento para expandir sua rede e conhecimentos

Seção 2: Acompanhando as Tendências e Inovações do Mercado

2.1 Mantendo-se informado sobre as mudanças regulatórias e políticas que afetam o mercado financeiro

2.2 Explorando novas oportunidades de investimento que surgem com as tendências e inovações do mercado

2.3 Utilizando ferramentas de análise e tecnologia para tomar decisões de investimento informadas

Uma Jornada de Vida como Investidor

Capítulo 27: Investindo em um Mundo em Mudança

Introdução: O Impacto das Transformações Globais nos Investimentos

- Compreendendo as mudanças econômicas, tecnológicas e sociais que afetam o mundo dos investimentos

- Explorando as oportunidades e desafios trazidos por um ambiente em constante evolução

Seção 1: Investimentos em Tecnologia e Inovação

1.1 Identificando as tendências tecnológicas que impulsionam o crescimento econômico

1.2 Explorando setores e empresas inovadoras com potencial de alto retorno

1.3 Avaliando os riscos e recompensas de investir em empresas de tecnologia e start-ups

Seção 2: Investimentos Sustentáveis e Responsáveis

2.1 Compreendendo a importância do investimento sustentável e responsável

2.2 Avaliando empresas e fundos com critérios ambientais, sociais e de governança (ESG)

2.3 Explorando o impacto positivo que os investimentos sustentáveis podem ter no meio ambiente e na sociedade

Seção 3: Investindo em Mercados Emergentes e Fronteiras

3.1 Identificando oportunidades de investimento em economias em rápido crescimento

3.2 Avaliando os riscos e recompensas de investir em mercados emergentes e fronteiras

3.3 Desenvolvendo estratégias para diversificar sua carteira com investimentos globais

Capítulo 28: Um Futuro Financeiro Sustentável

Introdução: Investimentos com Impacto Positivo

- Compreendendo a importância de investir de forma sustentável e socialmente responsável

- Os benefícios de buscar retornos financeiros ao mesmo tempo em que promove um impacto positivo no mundo

Seção 1: Investimentos Sustentáveis

1.1 Explorando opções de investimento que promovem a sustentabilidade e a responsabilidade social

1.2 Avaliando o desempenho financeiro e o impacto social dos investimentos sustentáveis

1.3 Incorporando critérios ambientais, sociais e de governança (ESG) em suas decisões de investimento

Seção 2: Filantropia e Investimento de Impacto

2.1 Utilizando recursos financeiros para apoiar causas sociais e ambientais

2.2 Compreendendo as diferentes abordagens de investimento de impacto

2.3 Equilibrando retornos financeiros e impacto social ao tomar decisões de investimento

Seção 3: Planejando um Legado Financeiro

3.1 Considerando estratégias para preservar e transferir riqueza para gerações futuras

3.2 Explorando opções de planejamento sucessório e doações filantrópicas

3.3 Criando um legado financeiro significativo e duradouro

Alcançando a Riqueza, o Bem-Estar e o Impacto Positivo

- Recapitulação dos principais temas e estratégias abordados no livro

- Inspirando os leitores a integrarem a inteligência emocional, a sustentabilidade e a filantropia em sua jornada de investimentos

Capítulo 29: Além da Bolsa de Valores: Outras Formas de Investimento

Introdução: Diversificando seu Portfólio de Investimentos

- Compreendendo a importância da diversificação para reduzir riscos e aproveitar oportunidades

- Explorando outras formas de investimento além da bolsa de valores

Seção 1: Investimentos Imobiliários

1.1 Explorando o mercado imobiliário como uma opção de investimento

1.2 Compreendendo os diferentes tipos de investimentos imobiliários, como imóveis residenciais, comerciais e fundos imobiliários

1.3 Avaliando os riscos e benefícios dos investimentos imobiliários e estratégias para maximizar retornos

Seção 2: Investimentos em Empreendedorismo

2.1 Compreendendo o potencial de investir em startups e negócios emergentes

2.2 Avaliando riscos e retornos no investimento em empreendimentos

2.3 Explorando opções como investimento-anjo, crowdfunding e fundos de capital de risco

Seção 3: Investimentos Alternativos

3.1 Conhecendo opções de investimento alternativas, como commodities, metais preciosos e criptomoedas

3.2 Avaliando os riscos e volatilidade associados a esses investimentos

3.3 Incorporando investimentos alternativos em um portfólio diversificado

Capítulo 30: Rumo à Independência Financeira

Introdução: O Caminho para a Independência Financeira

- Definindo o conceito de independência financeira e seus benefícios

- Inspirando os leitores a buscar a liberdade financeira através de seus investimentos

Seção 1: Definindo seu Próprio Caminho

1.1 Avaliando seus objetivos financeiros e definindo o que a independência financeira significa para você

1.2 Planejando sua jornada financeira e estabelecendo marcos de progresso

1.3 Adaptando sua estratégia de investimento conforme se aproxima da independência financeira

Seção 2: Gerando Renda Passiva e Aproveitando Oportunidades

2.1 Explorando diferentes fontes de renda passiva, como dividendos, aluguéis e royalties

2.2 Identificando oportunidades de investimento que podem acelerar sua jornada para a independência financeira

2.3 Gerenciando e reinvestindo sua renda passiva para maximizar seus retornos

O Futuro da Sua Jornada Financeira

- Recapitulando as principais lições aprendidas ao longo do livro

- Inspirando os leitores a continuarem em busca de sua independência financeira e realização pessoal

Capítulo 31: Alcançando a Liberdade Financeira

Introdução: O Conceito de Liberdade Financeira

- Definindo o significado e os benefícios da liberdade financeira

- Explorando como alcançar a independência financeira e a capacidade de viver a vida desejada

Seção 1: Criando uma Mentalidade de Riqueza

1.1 Desafiando crenças limitantes sobre dinheiro e sucesso

1.2 Cultivando uma mentalidade de prosperidade e abundância

1.3 Superando obstáculos emocionais e adotando uma abordagem positiva em relação ao dinheiro

Seção 2: Estratégias para Alcançar a Liberdade Financeira

2.1 Definindo metas financeiras claras e realizáveis

2.2 Desenvolvendo um plano financeiro abrangente

2.3 Explorando diferentes fontes de renda e oportunidades de investimento para aumentar a riqueza

Seção 3: Gerenciando e Protegendo sua Riqueza

3.1 Implementando estratégias de gerenciamento de patrimônio para preservar e expandir sua riqueza

3.2 Compreendendo os princípios básicos de proteção de ativos e minimização de riscos

3.3 Construindo uma rede de apoio financeiro, incluindo consultores e profissionais especializados

Capítulo 32: Construindo um Legado Financeiro

Introdução: A Importância do Legado Financeiro

- Compreendendo o significado de deixar um legado financeiro para as gerações futuras

- Explorando as diferentes maneiras de criar e preservar riqueza para além de uma vida individual

Seção 1: Planejamento Patrimonial e Sucessório

1.1 Avaliando a importância do planejamento patrimonial e sucessório

1.2 Compreendendo as estratégias para minimizar impostos e proteger seus ativos

1.3 Explorando opções de transferência de patrimônio e garantindo a continuidade de seus investimentos

Seção 2: Investindo no Futuro das Próximas Gerações

2.1 Identificando oportunidades de investimento voltadas para o crescimento das próximas gerações

2.2 Ensinando habilidades financeiras às crianças e jovens para promover uma base sólida de educação financeira

2.3 Explorando opções de investimento específicas para a educação e o bem-estar das gerações futuras

Seção 3: Impacto Social e Filantropia

3.1 Compreendendo o papel dos investimentos de impacto social na construção de um legado significativo

3.2 Explorando opções de investimento em organizações e projetos que promovem mudanças positivas na sociedade

3.3 Contribuindo para a filantropia e deixando um impacto duradouro nas causas que são importantes para você

Capítulo 33 - Construindo Relações Positivas com o Dinheiro

Refletindo sobre crenças e valores pessoais em relação ao dinheiro e como eles afetam as decisões de investimento

Explorando estratégias para desenvolver uma relação saudável e equilibrada com o dinheiro

Destacando a importância de investir com propósito e alinhado aos valores pessoais

Seção 1: Vivendo a Liberdade Financeira

1.1 Desfrutando dos frutos do trabalho árduo e dos investimentos bem-sucedidos

1.2 Explorando oportunidades de impacto social e filantropia como parte da liberdade financeira

1.3 Compartilhando conhecimento e experiência para ajudar outros a alcançarem a liberdade financeira

Capítulo 34: Vivendo uma Vida Rica Além do Dinheiro

Introdução: Redefinindo a Riqueza

- Refletindo sobre o verdadeiro significado da riqueza e explorando além do aspecto financeiro

- Incentivando os leitores a considerarem uma abordagem holística para uma vida verdadeiramente rica

Seção 1: Saúde e Bem-Estar

1.1 Priorizando a saúde física e mental como base para uma vida rica

1.2 Explorando práticas de autocuidado e bem-estar que promovem equilíbrio e felicidade

1.3 Incorporando hábitos saudáveis na rotina diária para alcançar uma vida plena

Seção 2: Propósito e Realização Pessoal

2.1 Descobrindo e perseguindo paixões e interesses pessoais

2.2 Definindo metas e objetivos significativos para uma vida com propósito

2.3 Encontrando satisfação e realização em contribuir para o bem comum

Abraçando uma Vida Rica e Significativa

- Reafirmando a importância de equilibrar a busca pela riqueza financeira com uma vida plena e significativa

- Encorajando os leitores a aplicarem os princípios aprendidos no livro para viverem uma vida rica em todos os aspectos

Capítulo 1: A História das Bolsas de Valores

Introdução: Descobrindo as Raízes das Bolsas de Valores

Desde os primórdios da civilização, o ser humano demonstrou a necessidade de trocar bens e serviços. Inicialmente baseadas no escambo, essas trocas evoluíram com o tempo, dando origem a formas mais sofisticadas de comércio. Nesse contexto, surgiram as bolsas de valores, elementos essenciais no sistema financeiro global.

Neste capítulo, exploraremos a fascinante trajetória das bolsas de valores, desde suas origens até sua relevância na economia moderna. Elas se tornaram centros onde investidores se reúnem para negociar títulos e ações, impulsionando o desenvolvimento econômico e a geração de riqueza. Contudo, sua história remonta a períodos anteriores ao mundo moderno.

Nos primórdios, as transações ocorriam em praças públicas, onde comerciantes e investidores se reuniam para realizar negócios. Estes locais informais representaram os primeiros embriões das bolsas de valores, que posteriormente se tornaram instituições financeiras organizadas. Os primeiros mercados financeiros surgiram na Antiguidade Clássica, nas cidades-estado da Grécia e Roma, onde ágoras e fóruns serviam como centros para a realização de trocas comerciais e financeiras.

Com o avanço da civilização e a intensificação do comércio, surgiram centros especializados para facilitar transações financeiras. Um exemplo notável foi a Bolsa de Valores de Antuérpia, criada em 1460, um importante centro de comércio durante o Renascimento. No entanto, a verdadeira transformação no sistema financeiro ocorreu com o surgimento da Bolsa de Valores de Amsterdã, fundada em 1602, que introduziu a prática da negociação de ações de empresas.

O avanço tecnológico também revolucionou as bolsas de valores. Tecnologias como a telegrafia, o telefone e a internet alteraram radicalmente as formas de negociação, tornando os sistemas eletrônicos mais rápidos, eficientes e globais. Apesar dessas transformações, as bolsas permanecem como centros fundamentais para a dinâmica dos mercados, onde milhões de investidores negociam diariamente.

Ao longo deste livro, exploraremos aspectos como análise técnica, inteligência emocional e construção de patrimônio, utilizando a história como base para alcançar maior compreensão e aprimorar estratégias no mundo dos investimentos.

Seção 1: Origens Antigas

1.1 Os Mercados de Grãos da Mesopotâmia

A região da Mesopotâmia, considerada o berço da civilização, também é cenário dos primeiros mercados financeiros da história. Os mercados de grãos, essenciais para a economia local, eram centros de encontro entre agricultores, consumidores e comerciantes.

Os agricultores levavam suas colheitas para esses mercados, onde eram adquiridas por comerciantes e revendidas posteriormente. Para regular as transações e assegurar a qualidade dos produtos, eram estabelecidos contratos e leis. Esses mercados representaram as primeiras estruturas econômicas sistematizadas, simbolizando a necessidade de normas financeiras para sustentar o comércio.

1.2 Os Mercadores Fenícios e Suas Práticas Comerciais

Os fenícios foram uma civilização marítima notável por suas contribuições ao comércio internacional. Estabeleceram rotas comerciais ao longo do Mediterrâneo e contribuíram com inovações importantes, como a utilização de letras de câmbio, instrumentos financeiros que permitiam transferências seguras e eficientes sem a necessidade de transportar moedas fisicamente.

Além de suas habilidades comerciais, os fenícios desenvolveram técnicas avançadas de transporte e logística, como a construção de navios robustos e a definição de rotas seguras, facilitando o desenvolvimento do comércio.

1.3 As Casas de Câmbio na Roma Antiga

Na Roma Antiga, as casas de câmbio desempenharam um papel estratégico no desenvolvimento do comércio e no surgimento de transações financeiras mais estruturadas. Elas funcionavam como centros onde moedas de diferentes regiões eram trocadas, possibilitando o comércio internacional e fornecendo serviços essenciais como conversão monetária, empréstimos e depósitos.

Essas instituições contribuíram para a criação de um sistema financeiro mais sofisticado e ajudaram a impulsionar o comércio em todo o Império Romano.

Seção 2: Os Pilares do Sistema Moderno

2.1 A Criação da Bolsa de Valores de Antuérpia

No século XVI, a cidade de Antuérpia, atualmente na Bélgica, se destacou como um centro financeiro e comercial importante. Foi lá que surgiu a Bolsa de Valores de Antuérpia, uma das primeiras bolsas de valores modernas da história.

Fundada em 1531, essa instituição facilitou a negociação de ações, commodities e títulos, reunindo investidores e intermediários em um espaço centralizado. A bolsa implementou normas e regulamentos essenciais para garantir transações seguras e transparentes, estabelecendo as bases do que viria a ser o mercado de capitais moderno.

2.2 O Surgimento das Bolsas de Valores em Londres e Paris

As bolsas de valores de Londres e Paris, fundadas no final do século XVII, tiveram papel fundamental no desenvolvimento do mercado financeiro global.

Bolsa de Valores de Londres (London Stock Exchange): Criada em 1801, tornou-se uma das maiores bolsas do mundo, promovendo segurança e eficiência nas transações financeiras para empresas britânicas.

Bolsa de Valores de Paris (atualmente Euronext Paris): Estabelecida em 1724, desempenhou papel central no desenvolvimento da economia europeia.

2.3 A Influência da Companhia das Índias Orientais

A Companhia das Índias Orientais foi uma empresa comercial inovadora que utilizou práticas financeiras fundamentais, como a emissão de ações e negociação em bolsas de valores. Seu modelo operacional inspirou o surgimento de práticas financeiras modernas.

Seção 3: A Revolução Industrial e Além

3.1 O Impacto da Revolução Industrial nas Bolsas de Valores

Com o advento da Revolução Industrial, iniciada no final do século XVIII, houve mudanças significativas nas bolsas de valores. A produção em larga escala e a necessidade de capital para financiar empreendimentos industriais elevaram a emissão de ações e a negociação de títulos.

A nova demanda por ferro, aço e energia impulsionou a necessidade de investimentos, tornando as bolsas centros vitais para capturar esses recursos.

3.2 A Criação da Bolsa de Valores de Nova York e Wall Street

No início do século XIX, surgiu a Bolsa de Valores de Nova York (NYSE), um símbolo do poder econômico americano. Com Wall Street como seu coração financeiro, a NYSE tornou-se um ícone global para investidores e especuladores.

O crescimento econômico dos EUA, impulsionado pela industrialização e inovação tecnológica, deu origem a esse novo epicentro financeiro.

Capítulo 2: Construindo Patrimônio: Estratégias para o Sucesso Financeiro

Introdução: O Significado do Patrimônio

No segundo capítulo, discutiremos o conceito de patrimônio e sua importância para alcançar a segurança financeira. Exploraremos como construir uma base financeira estável pode facilitar o cumprimento de metas financeiras e a realização de objetivos pessoais no longo prazo.

Seção 1: Orçamento e Controle de Gastos

1.1 Estabelecendo um orçamento realista e sustentável

Um orçamento é uma ferramenta essencial para organizar suas finanças e garantir que seus gastos estejam alinhados com seus objetivos financeiros.

Passos para criar orçamento realista:

Avalie suas receitas: Identifique todas as suas fontes de renda, como salário, aluguéis e investimentos. Use uma estimativa conservadora para garantir que seu orçamento permaneça viável mesmo em períodos de menor renda.

Liste suas despesas: Inclua contas fixas (aluguel, serviços públicos, alimentação, seguros) e despesas variáveis (lazer, entretenimento, compras ocasionais).

Priorize seus gastos: Separe as despesas essenciais e identifique onde é possível economizar.

Estabeleça limites: Defina metas de economia e ajuste seus limites de gastos para atingir esses objetivos.

Acompanhe e ajuste: Monitore seus gastos regularmente para identificar desvios e ajustar seu orçamento conforme necessário.

1.2 Identificando e reduzindo gastos supérfluos

Reduzir gastos supérfluos é uma etapa fundamental no controle financeiro. Analisando seus hábitos de consumo, você pode identificar onde economizar sem afetar sua qualidade de vida.

Estratégias sugeridas:

Avalie despesas fixas: Negocie seguros ou contratos de aluguel para encontrar melhores condições.

Cancele assinaturas que não utiliza.

Reveja hábitos de consumo: Avalie despesas recorrentes com alimentação fora de casa e compras impulsivas.

Pratique o consumo consciente: Pergunte-se se realmente precisa do item antes de comprá-lo.

1.3 Criando um plano de economia e investimento regular

Criar um plano regular de economia é fundamental para construir riqueza no longo prazo. Veja como estruturar seu plano financeiro:

Estabeleça metas financeiras claras: Defina seus objetivos financeiros, seja para aposentadoria, fundo de emergência ou aquisição de bens.

Configure transferências automáticas: Isso facilita economizar regularmente sem depender da sua vontade diária.

Diversifique seus investimentos: Reduza riscos investindo em diferentes classes de ativos.

Busque conhecimento financeiro: Aprofunde-se sobre estratégias de investimento e gerenciamento de risco.

Revise seu plano regularmente: Adapte-o conforme suas circunstâncias financeiras e mudanças econômicas.

Seção 2: Investimentos de Longo Prazo

2.1 Explorando opções de investimento de longo prazo

Os investimentos de longo prazo, como ações e imóveis, são essenciais para a construção de patrimônio ao longo do tempo.

Ações: Representam participação em empresas e oferecem crescimento no longo prazo. Pesquise bem as empresas e analise seus fundamentos para investir com segurança.

Imóveis: Oferecem possibilidade de renda passiva por meio de aluguéis e potencial de valorização. A localização e os custos associados devem ser considerados.

2.2 Diversificando sua carteira para minimizar riscos

Diversificar investimentos é uma estratégia fundamental para reduzir riscos e proteger seu patrimônio. Diversifique em diferentes classes de ativos, como ações, títulos, imóveis e fundos mútuos, assim como em setores e regiões diferentes. Isso não elimina riscos, mas reduz as chances de perdas significativas em caso de volatilidade.

2.3 Estratégias para maximizar retornos com investimentos de longo prazo

Adote uma estratégia de "comprar e manter" para investimentos de longo prazo:

Mantenha seus investimentos por longos períodos.

Evite especulações e reações emocionais ao mercado.

Reveja regularmente sua carteira para garantir alinhamento com suas metas financeiras.

Seção 3: Planejamento de Aposentadoria

3.1 Entendendo opções para o planejamento de aposentadoria

Os principais planos para a aposentadoria incluem:

Fundos de pensão: Programas oferecidos por empresas, onde os funcionários contribuem regularmente para fundos gerenciados por profissionais.

Planos de previdência privada: Oferecidos por bancos e seguradoras, com benefícios fiscais e oportunidades de investimento diversificado.

Avalie esses planos para escolher aquele que melhor atende às suas necessidades financeiras e objetivos.

3.2 Avaliando necessidades e metas financeiras para aposentadoria

Ao planejar sua aposentadoria, considere fatores como idade, expectativa de vida, despesas futuras, estilo de vida desejado e saúde. Com base nessas informações, determine quanto capital será necessário para garantir conforto financeiro durante a aposentadoria.

3.3 Criando um plano de ação para uma aposentadoria tranquila

Etapas principais:

Defina quanto economizar mensalmente.

Diversifique seus investimentos para equilibrar riscos.

Revise regularmente seu plano financeiro conforme mudanças no mercado e suas circunstâncias.

Procure orientação profissional, se necessário.

Capítulo 3: Construindo Patrimônio: O Pilar da Prosperidade Financeira

Introdução: A Construção de Patrimônio como Estratégia Avançada

Construir patrimônio vai além de acumular riqueza; trata-se de desenvolver uma base sólida para crescimento sustentável e geração de oportunidades. Este capítulo se aprofunda em estratégias avançadas para proteger, expandir e preservar seu patrimônio, garantindo prosperidade financeira para você e futuras gerações.

Seção 1: Estratégias Avançadas para Crescimento Patrimonial

1.1. Maximizando a Eficiência Fiscal

Um dos pilares para otimizar o crescimento patrimonial é a eficiência fiscal. Estratégias como o uso de contas com benefícios tributários (previdência privada, planos PGBL/VGBL) e alocação eficiente de ativos ajudam a reduzir a carga tributária e maximizar os retornos.

Exemplo prático: Roberto aloca 20% de sua renda em um fundo de previdência privada, aproveitando os incentivos fiscais para aumentar sua capacidade de investimento.

1.2. Explorando Investimentos Sofisticados

Além dos ativos tradicionais, investidores podem diversificar seu portfólio com instrumentos sofisticados, como:

Fundos multimercado e hedge funds: Oferecem proteção contra volatilidade.

Venture capital e startups: Potencial para retornos elevados com maior risco.

Ativos internacionais: Reduzem a exposição a riscos locais.

Essa abordagem exige conhecimento ou o suporte de consultores financeiros experientes.

Seção 2: Protegendo e Preservando o Patrimônio

2.1. Planejamento de Sucessão Patrimonial

Planejar a sucessão garante que seu patrimônio seja transferido de forma eficiente e sem conflitos familiares.

Ferramentas principais:

Testamentos para formalizar a distribuição dos bens.

Fundos de proteção patrimonial para proteger ativos contra credores.

Estruturas como holdings familiares para gestão e transmissão de bens.

Exemplo prático: Mariana estabeleceu uma holding para administrar os imóveis da família, reduzindo custos tributários e facilitando a transição dos bens para seus filhos.

2.2. Avaliação e Gestão de Riscos

Proteger ativos por meio de seguros é essencial para minimizar perdas inesperadas. Opções incluem:

Seguro residencial: Proteção contra danos e responsabilidades civis.

Seguro de vida: Garantia de segurança financeira para os herdeiros.

Seguros empresariais: Essenciais para quem possui negócios.

Esses instrumentos ajudam a mitigar riscos financeiros significativos.

2.3. Incorporando a Filantropia

A filantropia permite transformar parte do patrimônio em impacto positivo na sociedade. Isso pode incluir:

Doações regulares para organizações sem fins lucrativos.

Criação de fundações para causas específicas.

Estabelecimento de bolsas de estudo ou programas comunitários.

Além de contribuir para o bem-estar social, a filantropia também pode trazer benefícios fiscais, reduzindo a carga tributária.

Exemplo prático: Carlos criou uma fundação para apoiar jovens empreendedores, deixando um legado que reflete seus valores e visão.

Capítulo 4: Caminhos para o Sucesso Financeiro

Introdução: A Construção de um Patrimônio Amplo e Sustentável

Construir patrimônio não se limita ao acúmulo de riqueza financeira. Ele abrange também recursos como conhecimento, habilidades e relacionamentos que criam uma base sólida para o sucesso duradouro. Este capítulo explora estratégias práticas para poupança, investimento e diversificação, com foco na gestão eficaz de recursos e no crescimento sustentável.

Seção 1: Fundamentos Essenciais para Construção de Patrimônio

1.1. Estabelecendo Metas Financeiras Claras

A definição de metas específicas e mensuráveis é o alicerce de uma jornada bem-sucedida. Isso envolve objetivos de curto, médio e longo prazo, como:

Formar uma reserva de emergência.

Comprar uma casa.

Garantir uma aposentadoria confortável.

Essas metas devem ser realistas e alinhadas à sua capacidade financeira, servindo como um guia para decisões estratégicas.

1.2. O Papel do Tempo e dos Juros Compostos

O tempo é um aliado poderoso no crescimento do patrimônio. Pequenos aportes regulares, feitos com antecedência, se beneficiam do efeito exponencial dos juros compostos, permitindo que seus recursos cresçam ao longo dos anos.

Dica prática: Priorize a consistência nos aportes, mesmo em valores modestos, e adote uma visão de longo prazo.

1.3. Gerenciamento de Riscos e Diversificação

Todo investimento envolve risco, mas a diversificação é uma estratégia eficaz para mitigá-los. Alocar recursos em diferentes classes de ativos (ações, títulos, imóveis) e mercados reduz a exposição a eventos adversos.

Adaptação ao perfil de investidor: Investidores conservadores podem optar por renda fixa, enquanto investidores agressivos podem explorar ações e ativos voláteis.

Seção 2: Estratégias Práticas de Investimento

2.1. Investimentos Tradicionais: Ações e Títulos

Ações: Proporcionam participação no crescimento de empresas, mas exigem análise criteriosa de fundamentos e riscos.

Títulos: Oferecem maior segurança e renda fixa, sendo adequados para objetivos de preservação de capital.

2.2. Veículos Diversificados: Fundos e ETFs

Fundos mútuos: Gestão profissional e diversificação em ativos diversos.

ETFs: Facilidade de negociação e exposição instantânea a mercados globais.

Essas opções equilibram simplicidade e eficiência para investidores iniciantes e experientes.

2.3. Investimentos Alternativos: Imóveis, Commodities e Criptomoedas

Imóveis: Oferecem renda estável e proteção contra inflação.

Commodities: Ativos físicos como ouro e petróleo diversificam o portfólio.

Criptomoedas: Classe emergente, porém volátil, que exige estudo aprofundado e cautela.

Seção 3: Planejamento Financeiro a Longo Prazo

3.1. Construindo um Plano de Aposentadoria

Estime necessidades futuras considerando estilo de vida e inflação.

Aproveite veículos fiscais vantajosos, como previdências privadas ou IRAs.

Revise o plano regularmente para acompanhar mudanças financeiras e econômicas.

3.2. Gerenciamento de Dívidas

Diferencie dívidas saudáveis (educação, imóveis) das prejudiciais (consumo supérfluo).

Pague dívidas com juros elevados prioritariamente e evite acúmulos desnecessários.

Seção 4: Criando e Preservando um Legado Financeiro

4.1. Planejamento Sucessório e Proteção de Ativos

Utilize ferramentas como trusts e holdings para garantir a proteção e a transferência eficiente do patrimônio.

Planeje sucessões para evitar conflitos e minimizar cargas tributárias.

4.2. Educação e Preparação das Gerações Futuras

Ensine conceitos financeiros aos herdeiros e compartilhe valores relacionados à gestão de riqueza.

Crie programas de apoio, como bolsas de estudo ou iniciativas sociais, para deixar um impacto positivo.

Capítulo 5: Construindo Patrimônio para o Futuro

Seção 1: Desenvolvendo uma Mentalidade de Construção de Patrimônio

Para construir um patrimônio sólido e duradouro, é essencial desenvolver uma mentalidade de construção de riqueza que vá além do estabelecimento de metas financeiras. Nesta seção, exploraremos estratégias adicionais para criar uma mentalidade financeira próspera e capacitadora, que o impulsionará em direção ao sucesso.

1.1 Cultivando a Mentalidade de Abundância

Uma das chaves para a construção de patrimônio está na adoção de uma mentalidade de abundância. Em vez de focar na escassez e nas limitações, direcione sua atenção para as oportunidades e possibilidades ilimitadas que o mercado financeiro oferece. Acredite que há recursos suficientes para todos e que você tem a capacidade de aproveitar as melhores oportunidades para construir seu patrimônio.

Cultivar essa mentalidade envolve:

Praticar gratidão: Mantenha um diário onde registre suas realizações financeiras, mesmo as menores.

Concentrar-se em soluções: Sempre que enfrentar um desafio, pergunte: "Qual é a melhor maneira de resolver isso?".

Adotar uma mentalidade de crescimento: Lembre-se de que sua capacidade de gerar riqueza pode ser ampliada com aprendizado e adaptação.

Além disso, vincule a mentalidade de abundância à inteligência emocional. Gerencie o medo e a ansiedade que podem surgir em momentos de incerteza financeira, utilizando ferramentas como meditação e visualização de cenários positivos. Ao acreditar no seu potencial e nas oportunidades do mercado, você estará mais preparado para tomar decisões alinhadas à construção de patrimônio.

1.2 Investindo em Conhecimento e Aprendizado

O aprendizado contínuo é um pilar essencial na construção de patrimônio. Dedique tempo para estudar os princípios de investimento, estratégias financeiras e tendências de mercado. Aqui estão algumas práticas recomendadas:

Leia livros consagrados, como Pai Rico, Pai Pobre ou Os Ensaios de Warren Buffett.

Acompanhe blogs, podcasts e newsletters confiáveis.

Participe de eventos como webinars, workshops e grupos de networking com investidores.

Quanto mais você ampliar seu conhecimento, melhor equipado estará para identificar oportunidades promissoras e gerenciar riscos. Um exemplo prático é criar uma rotina de aprendizado, como dedicar 30 minutos diários para ler sobre o mercado ou assistir a palestras financeiras.

1.3 Adotando uma Mentalidade de Investidor

Adotar uma mentalidade de investidor significa priorizar a alocação estratégica de recursos, evitando gastos impulsivos e focando em investimentos de longo prazo. Compare:

Mentalidade de Consumidor	Mentalidade de Investidor
Compra itens de luxo para status	Investe em ativos que geram renda
Busca gratificação imediata	Pensa no retorno ao longo prazo

Uma mentalidade de investidor requer disciplina, paciência e uma visão clara do futuro. Por exemplo, em vez de gastar todo o bônus anual, invista parte dele em ações ou fundos diversificados. Essa abordagem permite que você aproveite o poder dos juros compostos e construa riqueza de forma sustentável.

Seção 2: Estratégias para Construção de Patrimônio

2.1 Explorando Diversos Veículos de Investimento

Uma estratégia eficaz para a construção de patrimônio é explorar diferentes veículos de investimento, como:

Ações: Potencial de valorização no longo prazo.

Imóveis: Renda estável e valorização do capital.

Fundos de investimento: Diversificação acessível para diferentes perfis.

Criptomoedas: Altamente voláteis, mas com potencial de crescimento disruptivo.

Exemplo prático:
Um portfólio diversificado poderia ser assim:

40% em ações de empresas consolidadas.

30% em títulos de renda fixa para segurança.

20% em imóveis.

10% em investimentos alternativos, como criptomoedas.

Essa abordagem protege seu patrimônio contra riscos específicos de um único ativo.

2.2 Diversificando o Portfólio de Investimentos

Diversificar dentro de cada classe de ativos é tão importante quanto diversificar entre classes. Por exemplo:

No mercado de ações, invista em empresas de setores distintos, como tecnologia, saúde e consumo básico.

Em imóveis, considere propriedades residenciais e comerciais em diferentes regiões.

Um conceito-chave aqui é a correlação entre ativos. Por exemplo, durante uma crise econômica, títulos de renda fixa podem se valorizar enquanto ações caem. Essa correlação negativa ajuda a equilibrar seu portfólio.

2.3 Utilizando Técnicas de Alavancagem Financeira Responsável

A alavancagem financeira pode potencializar retornos, mas exige cuidado. Antes de utilizá-la:

Avalie sua capacidade de pagar o empréstimo mesmo em cenários adversos.

Compreenda os termos, taxas e riscos envolvidos.

Por exemplo, um investidor que usa alavancagem para adquirir um imóvel para aluguel pode gerar renda passiva suficiente para cobrir os custos do empréstimo. Porém, em mercados voláteis, a alavancagem pode amplificar perdas, exigindo planejamento rigoroso.

Seção 3: Protegendo e Crescendo seu Patrimônio

3.1 Gerenciando Riscos e Protegendo seus Ativos com Seguros Adequados

Proteja seu patrimônio contra imprevistos com seguros como:

Vida: Garante estabilidade financeira para sua família.

Saúde: Cobre despesas médicas inesperadas.

Propriedade: Protege seus ativos materiais.

Faça uma avaliação anual para garantir que as coberturas atendam às suas necessidades. Por exemplo, ao adquirir um imóvel, revise seu seguro residencial para incluir coberturas contra desastres naturais.

3.2 Monitorando e Ajustando seu Portfólio de Investimentos Regularmente

Realize revisões periódicas para garantir que seu portfólio esteja alinhado com seus objetivos. Isso inclui:

Rebalancear ativos: Caso as ações aumentem para mais de 60% do portfólio, considere realocar para títulos ou fundos.

Acompanhar tendências: Avalie oportunidades emergentes em setores promissores.

3.3 Explorando Oportunidades de Crescimento

Empreendedorismo e investimentos alternativos podem impulsionar seu patrimônio. No entanto:

Avalie riscos do empreendedorismo, como altos custos iniciais e incertezas de mercado.

Estude ativos alternativos, como startups e commodities, antes de investir.

Capítulo 6: O Caminho para o Sucesso – Transformando-se em um Investidor de Destaque

---

Introdução: A Jornada do Investidor

A jornada para se tornar um investidor de destaque é mais do que uma sequência de passos; é um ciclo de aprendizado contínuo e evolução pessoal. Cada etapa dessa trajetória prepara o terreno para a próxima, e revisitar conceitos ao longo do caminho é essencial para consolidar aprendizados e ajustar estratégias.

Este capítulo explora as principais etapas desse processo, abordando desde os fundamentos financeiros até a gestão de riscos e emoções, sempre com foco na construção de um plano consistente e personalizado para alcançar seus objetivos financeiros.

Primeira Etapa: Educação e Fundamentos

Para construir uma base sólida como investidor, o primeiro passo é investir em sua educação financeira e no desenvolvimento de habilidades essenciais.

A Importância do Conhecimento Financeiro
A educação financeira é o alicerce do sucesso no mercado de investimentos. Ela abrange desde conceitos básicos, como juros compostos e inflação, até estratégias mais avançadas, como diversificação de portfólio.

Exemplo prático: Livros como "O Investidor Inteligente" de Benjamin Graham e "Pai Rico, Pai Pobre" de Robert Kiyosaki são excelentes pontos de partida.

Desenvolvendo Habilidades de Análise e Pesquisa
O sucesso no mercado financeiro exige uma abordagem analítica. Saber interpretar dados financeiros, identificar tendências de mercado e avaliar a saúde de empresas é indispensável.

Dica prática: Utilize ferramentas como Yahoo Finance para dados financeiros ou TradingView para análise técnica.

Investindo em Aprendizado Contínuo
Participar de cursos, workshops e buscar mentoria são formas poderosas de acelerar seu aprendizado.

Exemplo prático: Encontre mentores em plataformas como LinkedIn ou participe de conferências financeiras locais.

Segunda Etapa: Experiência e Prática

O conhecimento teórico precisa ser complementado com prática no mundo real.

Comece com Pequenos Passos
Realize investimentos iniciais em ativos que você entende e acompanhe os resultados. Isso permite que você desenvolva confiança e ajuste estratégias com base em suas experiências.

Dica prática: Use contas de simulação (contas demo) em corretoras para praticar antes de investir dinheiro real.

Documente e Reflita Sobre seus Resultados
Mantenha um diário financeiro para registrar suas decisões, resultados e aprendizados. Essa prática ajudará a identificar padrões de comportamento e oportunidades de melhoria.

Terceira Etapa: Análise e Tomada de Decisão

Com experiência prática, é hora de refinar suas habilidades analíticas para tomar decisões mais assertivas.

Escolhendo sua Abordagem: Fundamentalista ou Técnica?
Ambas as análises têm valor. A fundamentalista foca nos fundamentos financeiros, enquanto a técnica avalia padrões de preço e comportamento do mercado.

Dica prática: Combine as duas abordagens. Use a análise fundamentalista para escolher ativos de qualidade e a técnica para definir os momentos de compra e venda.

Avaliando Empresas e Setores
Considere métricas como margem EBITDA, retorno sobre o capital investido (ROIC) e endividamento. Além disso, esteja atento às tendências setoriais, como a transição energética ou o avanço de tecnologias emergentes.

Tomando Decisões Baseadas em Dados e Contexto
Não dependa apenas de dados históricos. Acompanhe notícias econômicas, mudanças regulatórias e outros fatores qualitativos que influenciam o mercado.

Quarta Etapa: Gestão de Risco e Emoções

À medida que seu portfólio cresce, gerenciar riscos e emoções se torna ainda mais crucial.

Diversificação Inteligente

Distribua seus investimentos entre classes de ativos, setores e regiões. Uma carteira bem diversificada reduz a exposição a riscos específicos.

Exemplo prático: Uma carteira pode incluir 50% em renda fixa, 30% em ações de grandes empresas e 20% em fundos imobiliários.

Controle de Emoções

Volatilidade faz parte do mercado, mas decisões impulsivas podem comprometer seus objetivos. Desenvolva resiliência emocional e evite "seguir a manada".

Dica prática: Use estratégias como stop loss para limitar perdas e proteger seu capital.

Quinta Etapa: Aprendizado Contínuo e Adaptação

O mercado financeiro está em constante evolução, e o aprendizado nunca termina.

Atualize-se com Tendências de Mercado

Esteja atento a mudanças como a adoção de novas tecnologias, inovações setoriais e transformações regulatórias.

Reavalie e Ajuste sua Estratégia

Periodicamente, revise sua carteira e objetivos para garantir que estejam alinhados às suas metas e tolerância ao risco.

Dica prática: Reserve um tempo mensal para revisar sua estratégia e acompanhar tendências emergentes.

Considerações Finais

A jornada para se tornar um investidor de destaque exige comprometimento, disciplina e a disposição de aprender com erros.

Resumo dos Passos:

Invista em educação financeira e desenvolva suas habilidades.

Pratique com investimentos reais, ajustando-se ao mercado.

Refine suas análises e tome decisões embasadas em dados.

Gerencie riscos e mantenha a calma durante a volatilidade.

Continue aprendendo e adaptando-se às mudanças.

Capítulo 7: O Caminho para o Sucesso: Tornando-se um Investidor de Sucesso

Introdução: Reflexões sobre a Jornada do Investidor

Neste ponto da jornada apresentada ao longo do livro, é essencial refletir sobre os conceitos explorados, consolidar os aprendizados e alinhar práticas fundamentais que contribuirão para alcançar o sucesso financeiro de forma sustentável. Este capítulo é uma síntese da dualidade entre o técnico e o emocional, reunindo os principais aspectos técnicos do investimento com as características pessoais necessárias para encarar os desafios do mercado.

Investir é, acima de tudo, um processo contínuo de aprendizado. Não há garantias de resultados instantâneos, mas existem princípios consistentes que, aplicados com disciplina, podem maximizar as chances de sucesso. O foco será na busca constante pelo conhecimento, no controle emocional, na gestão de riscos e no desenvolvimento de uma visão estratégica de longo prazo.

Seção 1: Construindo seu Conhecimento

1.1 Investindo na sua educação financeira contínua

A educação financeira não é apenas uma etapa inicial, mas uma prática contínua. O conhecimento deve ser alimentado por meio de materiais como livros, cursos, seminários e fontes confiáveis. Por exemplo:

"O Investidor Inteligente", de Benjamin Graham, ensina sobre a importância de investir com base em fundamentos sólidos, destacando como avaliar empresas e identificar boas oportunidades.

"Pai Rico, Pai Pobre", de Robert Kiyosaki, oferece uma perspectiva prática sobre como mudar sua mentalidade financeira para acumular riqueza.

Essas leituras são referências porque introduzem tanto conceitos técnicos quanto lições práticas que desafiam o leitor a repensar suas escolhas financeiras.

Investidores experientes também se beneficiam de cursos especializados, como certificações Chartered Financial Analyst (CFA), que oferecem uma compreensão profunda de análise de investimentos e gestão de portfólio, mantendo os investidores alinhados às tendências globais.

1.2 Utilizando fontes confiáveis para manter-se atualizado

Decisões acertadas dependem de informações precisas e atuais. Fontes como Bloomberg, Reuters e Financial Times oferecem análises detalhadas sobre tendências de mercado. Além disso, relatórios de corretoras confiáveis ajudam a identificar oportunidades e riscos em potencial.

Por que isso é importante? Ter informações confiáveis previne reações baseadas em suposições ou notícias sensacionalistas, permitindo que você tome decisões embasadas em dados sólidos e análises estruturadas.

1.3 Buscando mentores e networking

A experiência de mentores é valiosa porque combina teoria e prática. Por exemplo, um mentor pode orientá-lo a evitar erros comuns, como superconcentração em ativos de alto risco, baseando-se em sua própria experiência. Participar de comunidades de investidores também facilita a troca de ideias, criando um ambiente para aprendizado colaborativo.

Seção 2: Desenvolvendo uma Mentalidade de Longo Prazo

2.1 A importância de uma visão de longo prazo

Investir pensando no longo prazo permite superar a volatilidade momentânea e aproveitar o poder do juros compostos. Um exemplo clássico é o mercado acionário: investidores que mantêm ações de empresas de qualidade por anos colhem benefícios, mesmo diante de flutuações intermediárias.

2.2 Evitando reações impulsivas

Reagir a cada movimento do mercado, como quedas repentinas, pode prejudicar seus retornos. Decisões baseadas no emocional, em vez de uma análise lógica, frequentemente levam a vendas precipitadas, que comprometem o potencial de valorização.

Por exemplo: Durante a crise de 2008, muitos investidores venderam ativos em pânico. Já aqueles que mantiveram seus investimentos ou compraram ações em baixa tiveram ganhos expressivos nos anos seguintes, demonstrando a eficácia de uma visão paciente.

2.3 Mantendo disciplina e perseverança

Persistir em momentos de baixa e manter-se fiel a um plano de investimento são traços comuns entre investidores bem-sucedidos. Cada revés deve ser visto como uma oportunidade de aprendizado e ajuste estratégico.

Seção 3: Adaptando-se à Mudança

3.1 Reconhecendo a natureza dinâmica do mercado

Mercados evoluem, impulsionados por inovações tecnológicas e mudanças geopolíticas. Um exemplo recente é o avanço das fintechs, que democratizaram o acesso a serviços financeiros.

Por que é relevante? Reconhecer tendências como essa ajuda a antecipar movimentos do mercado e adaptar-se antes que mudanças tornem estratégias obsoletas.

3.2 Explorando novas tecnologias e regulamentações

As criptomoedas são um exemplo de tecnologia disruptiva. Compreender como funcionam permite que investidores diversifiquem seus portfólios de forma estratégica, aproveitando as oportunidades desse mercado emergente enquanto gerenciam seus riscos únicos.

3.3 Mantendo uma mentalidade aberta

Mudanças frequentes podem criar resistência. No entanto, uma mentalidade aberta é fundamental para identificar oportunidades. Investidores que aproveitaram o crescimento de empresas de tecnologia durante a pandemia ilustram a importância de ajustar suas estratégias rapidamente para responder a novas realidades.

Conclusão: A Jornada do Investidor Bem-Sucedido

Tornar-se um investidor de sucesso é mais do que acumular riqueza; trata-se de alinhar metas financeiras com uma vida equilibrada e um impacto positivo no mundo. Eduque-se continuamente, mantenha-se resiliente e confiante em suas decisões, e abrace as mudanças como oportunidades de crescimento.

Ao aplicar os princípios discutidos neste capítulo, você estará preparado para enfrentar os desafios e colher os frutos de uma jornada de investimento bem-sucedida.

Capítulo 8: Da Teoria à Prática: Tornando-se um Investidor de Sucesso

Introdução: Transformando Conhecimento em Ação

Agora que você adquiriu conhecimento valioso sobre investimentos, chegou o momento de dar o próximo passo: colocar tudo isso em prática. A teoria fornece as bases, mas é a ação que define quem se torna um investidor de sucesso. Este capítulo vai ajudá-lo a dar os primeiros passos em direção ao investimento consciente, estruturado e orientado para resultados. Vamos explorar estratégias práticas e habilidades essenciais para sua jornada no mercado financeiro.

Seção 1: Preparando-se para Investir

1.1 Compreendendo sua Tolerância ao Risco

O primeiro passo para começar a investir é conhecer seu próprio perfil e entender sua tolerância ao risco. Pergunte-se: Qual nível de incerteza você está disposto a enfrentar para alcançar seus objetivos?

A sua tolerância ao risco deve considerar:

Seu nível de conforto ao enfrentar oscilações no mercado.

Seus objetivos financeiros (curto e longo prazo).

Sua situação financeira atual e seus planos de vida.

A clareza sobre esses fatores torna mais fácil criar um plano de investimento alinhado com seu perfil e suas metas.

1.2 Criando seu Plano de Investimentos

Com seu perfil de risco claro, o próximo passo é criar um plano de investimento personalizado. Ele serve como um guia para suas decisões financeiras. Um bom plano deve incluir:

Objetivos Específicos: Defina metas claras e realizáveis, como aposentadoria, compra de casa ou desenvolvimento financeiro.

Horizonte de Investimento: Determine seu prazo. Investimentos de longo prazo geralmente envolvem maior risco e maior potencial de retorno.

Alocação Estratégica de Recursos: Decida como distribuir seu capital entre classes de ativos.

Gestão da Quantidade Investida: Reserve capital com base em sua situação financeira sem comprometer sua liquidez.

Desenvolver um plano claro oferece direção e elimina decisões impulsivas no momento de volatilidade do mercado.

1.3 Escolhendo uma Corretora Adequada

Após planejar seus objetivos e metas, o próximo passo é escolher uma corretora que ofereça as ferramentas necessárias para suas operações financeiras. Considere fatores como:

Custos e Taxas: Compare as tarifas de transação e manutenção.

Variedade de Produtos e Serviços: Verifique se a corretora oferece a gama de ativos que você deseja investir.

Suporte ao Cliente e Plataforma de Investimentos: Priorize plataformas intuitivas, seguras e com bom suporte.

Abrir sua conta em uma corretora confiável representa o primeiro passo prático em sua jornada como investidor.

Seção 2: Construindo seu Portfólio

2.1 Estratégias de Diversificação

A diversificação é fundamental para mitigar riscos e aumentar suas chances de sucesso no longo prazo. Ela consiste em distribuir seus investimentos entre classes distintas de ativos, como:

Ações: Representam a participação em empresas e têm maior volatilidade, mas também maior potencial de retorno.

Renda fixa: Proporcionam segurança e previsibilidade no retorno.

Fundos imobiliários e commodities: Possuem características específicas para complementar o equilíbrio da carteira.

Diversificar significa nunca depender de apenas um único investimento, oferecendo uma proteção natural contra os movimentos do mercado.

2.2 Seleção Inteligente de Ações e Ativos

Investir em ações exige pesquisa e paciência. Ao selecionar empresas para seu portfólio:

Priorize empresas com fundamentos sólidos, como histórico de lucro, bom fluxo de caixa, vantagens competitivas e boa gestão.

Analise indicadores-chave, como preço/lucro (P/L), retorno sobre patrimônio líquido e margem operacional.

Além disso, adote uma abordagem estratégica e mantenha o foco no longo prazo, evitando reações emocionais às flutuações do mercado.

2.3 Investindo por Meio de Fundos

Os fundos de investimento representam outra opção estratégica, especialmente se você busca diversificação sem precisar realizar todas as análises por conta própria. Ao escolher um fundo, analise:

Objetivos do fundo: Renda fixa, ações, multimercado? Qual se alinha ao seu horizonte financeiro?

Histórico de desempenho: Avalie o desempenho ao longo dos últimos anos e em diferentes cenários econômicos.

Taxas administrativas: Elas impactam diretamente no retorno ao longo do tempo.

Os fundos representam uma maneira prática de diversificar investimentos sem exigir gestão diária do investidor.

Seção 3: Monitorando seus Investimentos

3.1 Estabeleça Rotinas de Acompanhamento

O acompanhamento regular é essencial para identificar o desempenho de sua estratégia. Inclua na rotina análises como:

Revisão de resultados trimestrais e anuais.

Comparação entre seus objetivos e o desempenho real da carteira.

Análise de variáveis econômicas externas que possam impactar seus investimentos.

Utilize planilhas financeiras e ferramentas modernas para simplificar essa análise.

3.2 Ajustando sua Estratégia

O mercado muda constantemente, e sua estratégia deve refletir essas mudanças. Realize ajustes para garantir que seu portfólio permaneça alinhado com seus objetivos, seu perfil de risco e as condições econômicas.

Rebalanceie sua alocação para manter a diversificação ideal.

Venda ativos ou realoque capital para aproveitar oportunidades de mercado.

3.3 Ferramentas e Recursos

Existem várias ferramentas digitais que facilitam o gerenciamento da carteira de investimentos:

Plataformas online: Facilitam o acompanhamento em tempo real.

Aplicativos financeiros: Notificações instantâneas e dados importantes.

Ferramentas confiáveis aumentam sua agilidade e precisão ao longo da jornada financeira.

Seção 4: Lidando com Desafios e Aprendizados

4.1 Aprenda com Perdas e Adapte-se

Toda perda traz uma lição. Se um investimento não teve o desempenho esperado, analise as razões e adapte-se para não repetir erros. Cada experiência é uma oportunidade para crescimento.

4.2 Ajustando-se às Mudanças

O mercado é dinâmico. Políticas econômicas, inflação, incertezas políticas e outros fatores influenciam seu portfólio. Monitore tendências e ajuste sua estratégia conforme necessário.

4.3 Educação Contínua: Seu Maior Ativo

O conhecimento é uma ferramenta poderosa. Estude constantemente, mantenha-se atualizado sobre as tendências do mercado e amplie seu horizonte através de livros, cursos e análises financeiras.

Estar bem informado é estar preparado.

Capítulo 9: O Poder da Persistência e da Paciência

Introdução: O Caminho para a Riqueza

A persistência e a paciência são virtudes fundamentais no caminho para a riqueza. Neste capítulo, exploraremos como essas qualidades impactam os investimentos e como uma abordagem disciplinada e orientada ao longo prazo pode transformar suas metas financeiras em realidade.

Seção 1: Reconhecendo a Importância da Persistência nos Investimentos

Investindo é uma Jornada de Longo Prazo

Os mercados financeiros são dinâmicos e frequentemente voláteis. Nesse cenário, a persistência representa a habilidade de manter-se firme em sua estratégia de longo prazo, mesmo diante de perdas ou incertezas no mercado. Ela evita que o investidor seja impulsionado pelo medo ou por decisões emocionais baseadas em flutuações de curto prazo.

Por que a Persistência é Crucial?

Disciplina contra a Emoção: Evita reações impulsivas, como vendas em momentos de baixa.

Manter-se Focado: Permite seguir estratégias baseadas em análises e objetivos claros.

Investidores que demonstram persistência não apenas resistem aos desafios, mas também maximizam suas chances de sucesso ao longo do tempo.

Seção 2: Benefícios de uma Abordagem de Longo Prazo

Manter a paciência nos investimentos traz benefícios fundamentais que devem ser compreendidos e aplicados com cuidado:

O Poder dos Juros Compostos:

Investimentos feitos a longo prazo permitem que os rendimentos sejam reinvestidos, acelerando o crescimento patrimonial.

Lidar com a Volatilidade:

Os mercados são voláteis no curto prazo, mas uma estratégia de longo prazo tende a aproveitar tendências positivas de crescimento.

Redução de Riscos e Custos:

Estratégias de longo prazo evitam transações excessivas, diminuindo custos com impostos e taxas.

Construindo Confiança e Tranquilidade:

Seguir uma estratégia fundamentada e disciplinada traz segurança emocional e clareza para tomar decisões.

Ao optar pela paciência e disciplina, você está plantando as sementes para um futuro financeiro seguro.

Seção 3: Histórias Inspiradoras - Aprendendo com os Grandes Investidores

Os investidores de sucesso frequentemente nos mostram como persistência e paciência podem levar à realização de grandes objetivos financeiros.

1. Warren Buffett - Estratégia e Longo Prazo

Buffett é um exemplo emblemático de como paciência e análise fundamentada resultaram em sucesso duradouro. Ele investiu em empresas subvalorizadas e manteve suas ações no longo prazo, aproveitando a força dos fundamentos econômicos.

2. Peter Lynch - O Poder da Familiaridade no Investimento

Lynch ficou famoso por defender o conceito de "investir no que você conhece". Seu foco em análise minuciosa e investimentos em setores familiares geraram retornos impressionantes com consistência.

3. Jesse Livermore - Superando Desafios com Disciplina

Mesmo diante de sucessivas perdas, Livermore entendeu que estratégia e controle emocional são fundamentais para o sucesso no mercado financeiro.

4. John Templeton - Estratégias Contrárias em Momentos de Pessimismo

Templeton aproveitou momentos de incerteza para investir em ações de baixo custo e transformar esses movimentos em oportunidades lucrativas.

Essas histórias nos mostram que persistência não é apenas uma virtude, mas uma estratégia fundamental para enfrentar períodos de incerteza e volatilidade.

Seção 4: Adaptando-se ao Mercado - Mantenha-se Atualizado

Por que se atualizar é essencial?

Os mercados financeiros mudam constantemente, impulsionados por fatores econômicos, tecnológicos e políticos. Assim, manter-se atualizado permite identificar novas oportunidades e ajustar estratégias conforme necessário.

Estratégias para Manter-se Atualizado:

Acompanhe notícias financeiras e análises de mercado regularmente.

Esteja atento às mudanças regulatórias e suas implicações no mercado.

Invista em conhecimento contínuo, participando de workshops e eventos relacionados ao setor financeiro.

Seção 5: Aprendendo com os Erros e Buscando Melhoria Contínua

O erro faz parte da jornada de qualquer investidor. No entanto, os investidores bem-sucedidos transformam os erros em lições, ajustando suas estratégias para melhorar no futuro.

Estratégias para Aprender com os Erros:

Análise de Desempenho: Reflita sobre decisões que não funcionaram e identifique os fatores responsáveis.

Autocrítica Construtiva: Não se culpe, mas utilize cada erro como uma oportunidade de crescimento.

Adapte sua Estratégia: Ajuste-se com base nos aprendizados e evite repetir os mesmos erros.

Ao transformar desafios em oportunidades de crescimento, você fortalece sua disciplina e melhora sua habilidade de adaptação no mercado.

Seção 6: Celebrando Conquistas e Definindo Novos Objetivos

O progresso deve ser reconhecido para manter a motivação e impulsionar o sucesso financeiro.

1. Reconheça suas Conquistas

Celebre marcos importantes, como o pagamento de dívidas ou a criação de uma reserva de emergência.

Valorize cada etapa concluída para reforçar sua confiança e compromisso.

2. Estabeleça Novas Metas com Clareza

Metas claras e realistas devem ser:

Específicas: Sabendo exatamente o que se deseja alcançar.

Mensuráveis: Com indicadores que permitam monitorar seu progresso.

Alcançáveis: Realistas, mas desafiadoras.

Com prazos definidos: Criando urgência e foco no progresso.

Conclusão: Persistência e Paciência Transformam Sonhos em Realidade

Os investidores bem-sucedidos entendem que o sucesso no mercado financeiro é uma maratona, não uma corrida de curta distância. O compromisso constante, a paciência para enfrentar adversidades e a habilidade de ajustar-se às circunstâncias são o alicerce da prosperidade financeira.

Ao aplicar as lições deste capítulo em sua jornada, você está construindo a base para uma mentalidade sólida, focada e resiliente.

Mantenha-se firme, aprenda constantemente e confie no processo. Cada passo em direção às suas metas é um passo para uma vida financeira mais próspera e gratificante.

Capítulo 10: O Poder da Disciplina e do Planejamento

Introdução: A Importância da Disciplina Financeira

No universo dos investimentos, a disciplina e o planejamento são essenciais para alcançar o sucesso financeiro. Este capítulo abordará como cultivar a disciplina financeira e desenvolver um planejamento estruturado para criar a base sólida de uma jornada financeira próspera.

A disciplina financeira envolve a habilidade de seguir uma estratégia de investimento definida, mesmo diante de obstáculos ou tentações momentâneas. Ela requer decisões racionais, controle emocional e foco em metas financeiras de longo prazo. Por meio da disciplina, o investidor é menos suscetível à volatilidade do mercado e toma decisões fundamentadas, evitando reações impulsivas.

Já o planejamento financeiro sólido oferece clareza ao estabelecer metas e recursos para atingi-las. Ele ajuda a entender as necessidades, definir prioridades e agir de forma estratégica para garantir segurança financeira no presente e no futuro.

Por Que Disciplina e Planejamento São Cruciais?

Os benefícios de cultivar a disciplina financeira e implementar um planejamento estruturado incluem:

Evitação de decisões impulsivas: Resistir ao pânico ou ganância durante períodos de incerteza no mercado.

Estruturação de ações financeiras: Priorização de despesas, controle de investimentos e tomada de decisões estratégicas.

Definição clara de metas e acompanhamento: Permite ajustar ações conforme necessário, mantendo-se alinhado com objetivos.

Manter a disciplina e aderir ao planejamento financeiro requer compromisso, adaptação e consistência no longo prazo. Isso não apenas permite enfrentar desafios econômicos, mas também aproveita oportunidades financeiras que surgirem.

Seção 1: Estabelecendo Metas Financeiras

Definir metas financeiras é o primeiro passo para uma trajetória de prosperidade. Elas servem como um guia claro para suas ações financeiras, proporcionando foco e direção em longo prazo.

1.1 Identificando e Definindo Metas Realistas

O primeiro passo para estabelecer metas financeiras é identificar aquilo que realmente importa para você. Pergunte-se: "O que desejo alcançar financeiramente em curto, médio ou longo prazo?"

Um método eficaz para formular metas é a abordagem SMART, que deve conter as seguintes características:

Específicas: Claras e definidas.

Mensuráveis: Possíveis de quantificar.

Alcançáveis: Realistas dentro de seus recursos atuais.

Relevantes: Alinhadas com seus valores.

Temporais: Defina prazos específicos.

Exemplo:

Meta para aposentadoria em 25 anos com base em uma economia mensal de X%.

1.2 Criando um Plano de Ação

Após definir metas claras, o próximo passo é elaborar um plano de ação estruturado, com etapas práticas e realistas.

Exemplo 1: Economizar para a compra de uma casa

Passos:

Defina o valor da entrada com base na pesquisa de mercado.

Analise despesas e corte gastos desnecessários.

Reserve parte da renda mensal para a conta de poupança.

Explore opções de investimento seguras até atingir a meta.

Exemplo 2: Quitar dívidas no prazo de 2 anos

Passos:

Liste todas as dívidas e taxas de juros.

Priorize as dívidas com maiores encargos financeiros.

Ajuste o orçamento para direcionar mais recursos ao pagamento.

Negocie com credores condições melhores para quitação.

1.3 Monitorando o Progresso

Acompanhar seu progresso é vital para garantir que você esteja avançando em direção às suas metas financeiras. Mantenha registros claros das suas economias, despesas e investimentos. Ajuste o plano conforme mudanças financeiras ou imprevistos. Celebre cada conquista alcançada no caminho: isso reforça sua motivação.

Manter-se flexível e adaptável é uma prática fundamental para enfrentar mudanças sem perder o foco nos objetivos.

Seção 2: Desenvolvendo Hábitos Financeiros Saudáveis

Os hábitos financeiros determinam se você alcançará ou não seus objetivos no longo prazo. Construir práticas financeiras saudáveis é um investimento em seu futuro.

2.1 O Hábito de Economizar Regularmente

Estratégias essenciais para economizar todos os meses:

Defina metas de poupança: Estabeleça um percentual fixo da renda para economizar.

Priorize-se primeiro: Separe a quantia destinada à poupança assim que receber o salário.

Corte gastos supérfluos: Avalie seu consumo e identifique despesas não essenciais.

Monitore seu progresso: Veja como suas economias crescem ao longo do tempo para reforçar a motivação.

2.2 Evitando Endividamentos Excessivos

O endividamento pode impedir o progresso financeiro. Estratégias para evitá-lo incluem:

Estabelecer limites financeiros: Defina quanto é aceitável gastar em dívidas.

Priorizar o pagamento de dívidas com maiores encargos financeiros.

Evitar compras impulsivas no crédito.

Manter controle rigoroso de despesas e comparar com sua renda para identificar riscos de endividamento.

2.3 Automatizando o Controle Financeiro

A automatização simplifica o gerenciamento financeiro e reduz o risco de falhas. Exemplos incluem:

Pagamentos automáticos de contas: Evitam atrasos e multas.

Transferências automáticas para poupança e investimentos: Mantêm você no caminho certo sem esforço.

Aplicativos para rastreamento financeiro: Monitoram gastos automaticamente e fornecem insights para controle financeiro.

Seção 3: Tomando Decisões Financeiras Inteligentes

Tomar decisões financeiras exige análise cuidadosa, evitando armadilhas comuns e aproveitando oportunidades estratégicas.

3.1 Avaliando Riscos e Oportunidades

Antes de investir, avalie:

Histórico e potencial da opção de investimento.

Nível de risco associado e sua tolerância a ele.

Diversificação para proteger seu capital contra oscilações.

Diversificar investimentos é uma estratégia eficaz para reduzir riscos e aumentar chances de retorno consistente no longo prazo.

3.2 Evitando Armadilhas Comuns

Algumas decisões podem comprometer seus objetivos financeiros:

Impulsividade nas decisões: Evite decisões baseadas em emoções e tendências momentâneas.

Endividamento excessivo para gastos impulsivos.

Especulação sem embasamento em análises financeiras sólidas.

Mantenha-se fiel ao planejamento para evitar armadilhas financeiras.

3.3 Buscando Orientação Profissional

Contar com a expertise de profissionais pode fazer a diferença, especialmente em investimentos complexos.

Planejamento financeiro com planejadores qualificados.

Consultoria especializada para investimentos específicos.

Revisões periódicas da estratégia financeira com especialistas.

A decisão final é sempre sua, mas contar com um profissional qualificado pode fornecer informações importantes para decisões estratégicas.

Capítulo 11: Mantendo a Disciplina e a Paciência

Introdução: O Caminho para a Liberdade Financeira

Neste capítulo, abordaremos a importância de manter a disciplina e a paciência durante toda a trajetória rumo à independência financeira. Alcançar a liberdade financeira demanda tempo, esforço e consistência, sendo essencial cultivar esses atributos ao longo da jornada. Discutiremos estratégias práticas para ajudá-lo a manter o foco, superar obstáculos e persistir em direção aos seus objetivos financeiros.

Seção 1: Buscando a Excelência como Investidor

Na busca pela excelência como investidor, é fundamental investir em conhecimento contínuo e atualizar-se constantemente para enfrentar as dinâmicas do mercado com preparo e confiança.

1.1 A Importância da Disciplina Financeira

A disciplina financeira é um dos pilares para alcançar a independência financeira. Ela envolve:

Controle de Gastos: Administrar despesas para evitar consumos impulsivos.

Adesão a Planos Financeiros: Seguir planos estruturados para atingir metas de longo prazo.

Resistência a Tentações: Priorizar objetivos em vez de decisões baseadas em emoções ou desejos momentâneos.

Manter a disciplina financeira cria uma base sólida para enfrentar desafios e alcançar seus objetivos no longo prazo.

1.2 Lidando com a Volatilidade e a Imprevisibilidade do Mercado

O mercado financeiro apresenta volatilidade e imprevisibilidade constantes. Lidar com essas características exige resiliência emocional e paciência. Estratégias para enfrentar momentos de incerteza incluem:

Evitar Decisões Impulsivas: Não permitir que as emoções determinem suas escolhas financeiras.

Manter a Visão de Longo Prazo: Investimentos bem-sucedidos exigem paciência e foco em tendências duradouras.

Desenvolver Resiliência: Adaptar-se às flutuações do mercado com confiança e preparo.

Mantenha sempre o foco no planejamento estratégico e no horizonte de longo prazo.

1.3 Foco nos Resultados a Longo Prazo

Manter-se focado nos resultados de longo prazo é essencial para garantir consistência no crescimento financeiro. Estratégias incluem:

Evitar Notícias de Curto Prazo: Não se deixar influenciar por pânico ou euforia ocasionados por flutuações no mercado.

Consistência nos Investimentos: Ter paciência para permitir que os investimentos cresçam ao longo do tempo.

Ao adotar essa mentalidade, você está construindo uma base sólida para um futuro financeiro estável e próspero.

1.4 Aprendendo com as Experiências e Adaptando-se

Os desafios são inevitáveis na jornada financeira, mas cada erro é uma oportunidade de aprendizado. Estratégias para enfrentar mudanças incluem:

Avaliação Contínua: Revisar suas decisões financeiras regularmente para identificar oportunidades de ajuste.

Flexibilidade Estratégica: Adaptar-se às circunstâncias e buscar soluções inovadoras frente a novos desafios.

Manter-se aberto ao aprendizado e ajustar suas abordagens aumenta suas chances de sucesso financeiro ao longo do tempo.

À medida que você mantém a disciplina e paciência em sua trajetória, celebre cada progresso como um marco em sua jornada. Reconheça suas conquistas e utilize-as como combustível para avançar em direção a seus objetivos.

Seção 2: Buscando o Conhecimento e a Atualização Constante

O conhecimento é uma ferramenta essencial para qualquer investidor que deseja permanecer competitivo e preparado para enfrentar as mudanças do mercado financeiro.

2.1 Promovendo a Educação Financeira Contínua e o Desenvolvimento Pessoal

Investir no aprimoramento da educação financeira é investir em você mesmo. Estratégias para isso incluem:

Participação em Cursos e Certificações: Procure por cursos, workshops e certificações financeiras reconhecidas.

Leitura de Livros e Artigos: Aprenda com publicações especializadas e conteúdos confiáveis.

Desenvolvimento de Habilidades Pessoais: Gerenciamento do tempo, tomada de decisões e aprimoramento da comunicação também fortalecem sua resiliência financeira.

Dedicar-se ao aprendizado é um investimento fundamental para a preparação de longo prazo.

2.2 Utilizando Fontes Confiáveis de Informação e Pesquisa

O excesso de informações pode ser prejudicial se não forem filtradas corretamente. Priorize:

Fontes Credíveis e Comprovadas: Busque relatórios de instituições renomadas, livros de especialistas financeiros e dados acadêmicos.

Atenção às Notícias Econômicas: Mantenha-se informado, mas evite a sobrecarga de dados irrelevantes ou especulativos.

Filtrar informações permite evitar decisões baseadas em emoções ou especulações sem fundamento.

2.3 Participando de Comunidades de Investidores

Comunidades de investidores podem fornecer insights valiosos e experiências compartilhadas. Ao participar desses grupos:

Troque Experiências: Compartilhe e aprenda com histórias reais e lições práticas.

Mantenha-se Aberto a Novas Perspectivas: Cada investidor traz uma abordagem diferente; ouvir vários pontos de vista pode ampliar sua perspectiva.

Comunidades financeiras, sejam fóruns, redes sociais ou associações, oferecem oportunidades para networking e aprendizado coletivo.

O Poder da Educação Financeira e da Ação

A educação financeira é o alicerce para qualquer decisão consciente e informada. Ela empodera você para tomar ações estratégicas e preparar-se para os desafios do mercado. No entanto, conhecimento sem ação não gera resultados.

Pontos-chave:

Transforme conhecimento em prática. Aplique o que aprender diariamente.

Adapte-se às mudanças e busque inovação. O mercado é dinâmico, e sua estratégia deve refletir flexibilidade.

Celebre cada vitória e aprenda com cada erro. A jornada do investidor é uma constante trajetória de autodescoberta.

Cada decisão que você toma é um passo em direção ao sucesso financeiro. A educação e a ação, quando aliadas, formam a base para o alcance de seus objetivos.

Capítulo 12: A Jornada do Investidor: Rumo à Prosperidade Financeira e Realização Pessoal

Introdução: O Poder da Jornada do Investidor

A jornada do investidor é uma trajetória pessoal que une prosperidade financeira e realização pessoal. Cada decisão, aprendizado e ajuste ao longo desse caminho é um passo importante em direção a uma vida financeira estável e equilibrada.

Este capítulo não representa o fim do livro, mas um marco importante que sintetiza aprendizados anteriores e prepara o leitor para a próxima etapa em sua jornada. Aqui, exploraremos temas como inteligência emocional, mentalidade de longo prazo, adaptação a mudanças, preservação do patrimônio e propósito no uso do dinheiro.

Buscar conhecimento contínuo, contar com orientação confiável e investir com responsabilidade não apenas proporcionam segurança financeira, mas também promovem o crescimento pessoal e o alinhamento com objetivos individuais.

A chave está em entender que a jornada vai além da simples busca por lucro: é um investimento em si mesmo, no aprendizado, na disciplina e na construção de valores.

Seção 1: Encontrando Equilíbrio e Satisfação

1.1 Definindo seus próprios critérios de sucesso financeiro e pessoal

O sucesso financeiro vai além de números e acumulação de patrimônio. Ele está atrelado ao que realmente traz significado para sua vida: felicidade, liberdade para passar tempo com a família, desenvolvimento pessoal ou contribuição social.

Como definir seu próprio sucesso? Pergunte-se:

O que realmente importa para mim?

Meus objetivos financeiros me proporcionam alinhamento com meus valores?

A definição de critérios pessoais de sucesso permite ao investidor tomar decisões alinhadas ao seu propósito e evitar que suas escolhas financeiras sejam apenas uma busca por estabilidade material.

Investir é, então, um reflexo de seus objetivos individuais e suas aspirações mais profundas. Identificar esses critérios é o primeiro passo para tomar decisões financeiras conscientes e alinhadas.

1.2 Buscando equilíbrio entre vida pessoal, trabalho e investimentos

Equilíbrio é a palavra-chave para uma vida saudável. Muitas vezes, a busca por estabilidade financeira leva a sacrifícios emocionais e relacionamentos pessoais.

Por que o equilíbrio é essencial?

Ele permite cuidar da saúde física e emocional.

Evita arrependimentos no longo prazo.

Fortalece relacionamentos e garante bem-estar no dia a dia.

Ao buscar prosperidade financeira, reserve momentos para lazer, descanso e interações significativas. Seu bem-estar é um investimento tão valioso quanto qualquer aplicação financeira.

Encontre um ritmo que respeite suas necessidades e objetivos profissionais, pessoais e financeiros, evitando sobrecarga e esgotamento emocional.

1.3 Desenvolvendo uma mentalidade de gratidão e contentamento ao longo da jornada

Desenvolver uma perspectiva de gratidão é um divisor de águas no processo de autoconhecimento e planejamento financeiro. A mentalidade positiva fortalece a resiliência e permite uma abordagem mais equilibrada frente aos altos e baixos do mercado financeiro.

Praticar a gratidão significa:

Valorizar suas conquistas e o que você já tem.

Lembrar-se de que a felicidade não está apenas atrelada a novos ganhos.

Estratégias para cultivar a gratidão:

Escreva um diário com três coisas pelas quais é grato todos os dias.

Reflita sobre seus sucessos e conquistas, mesmo pequenas, durante a jornada.

Esse simples hábito pode transformar a relação com o dinheiro, tornando-o uma ferramenta para gerar segurança e realização pessoal.

Seção 2: Impacto e Responsabilidade Social

2.1 O papel do investidor como agente de mudança

Investir vai além de retornos financeiros. Como investidores, temos o poder de direcionar recursos para causas sociais e ambientais por meio de investimentos responsáveis.

Cada decisão de investimento carrega a oportunidade de contribuir para:

Sustentabilidade ambiental.

Direitos humanos e inclusão social.

Desenvolvimento econômico em comunidades carentes.

Os investidores têm um papel fundamental ao pressionar empresas e governos a adotarem práticas mais responsáveis, sustentáveis e éticas.

2.2 Princípios de investimento sustentável e responsável

Os critérios ESG (ambientais, sociais e de governança) vêm ganhando destaque como base para decisões financeiras responsáveis.

O que considerar ao investir com responsabilidade?

Ambiental (E): Pegada de carbono, uso de recursos naturais e políticas ambientais.

Social (S): Inclusão social, bem-estar dos colaboradores e práticas éticas de responsabilidade social.

Governança (G): Transparência, prestação de contas e ética corporativa.

Investir alinhado a esses princípios ajuda a proteger seu capital e promove impactos positivos no mundo.

2.3 Oportunidades no investimento consciente

Hoje, opções de investimento socialmente responsáveis estão mais acessíveis do que nunca.

Exemplos práticos de investimento consciente incluem:

Investir em fundos de impacto, como os focados em educação, saúde e energias renováveis.

Apoiar diretamente empresas alinhadas aos seus valores e causas sociais.

Ao direcionar seus recursos para esses investimentos, você não apenas busca retornos financeiros, mas também se torna parte de um movimento por um futuro mais justo e sustentável.

Capítulo 13: A Jornada do Investidor: Aprendendo com Experiências Passadas

---

Introdução: A Importância da Experiência no Mundo dos Investimentos

A experiência desempenha um papel fundamental no aprimoramento da estratégia e no sucesso a longo prazo. Neste capítulo, exploraremos a importância de aprender com as experiências passadas, sejam erros ou sucessos, e como isso pode moldar nossas decisões futuras. Aprender com as experiências passadas é crucial para refinar estratégias, identificar falhas recorrentes e evitar decisões impulsivas.

Alguns pontos essenciais a serem considerados incluem:

Reconhecendo o valor das experiências passadas: Cada decisão no mercado é uma chance para aprender. O estudo analítico dessas decisões nos ajuda a discernir padrões e resultados, ajustando nosso método para o futuro.

Analisando erros e identificando causas subjacentes: Falhas financeiras frequentemente surgem pela tomada de decisões emocionais, falta de diversificação ou por informações insuficientes.

Celebrando sucessos e identificando fatores-chave: É essencial reconhecer o que funcionou no passado para poder aplicar essas lições repetidamente.

Incorporando lições aprendidas no dia a dia: Ajustes estratégicos baseados em experiências são uma forma de potencializar nossas abordagens de investimento.

Seção 1: Lidando com Riscos e Perdas

1.1 Compreendendo a Natureza dos Riscos nos Investimentos

Os investimentos sempre envolvem riscos, seja devido à volatilidade, mudanças econômicas ou eventos imprevistos. Compreender os tipos de risco é fundamental para tomar decisões fundamentadas:

Risco de Mercado: Oscilações decorrentes de fatores externos, como mudanças econômicas.

Risco Específico do Ativo: Relacionado a uma empresa ou setor específico.

Risco de Liquidez: Problemas ao vender um ativo sem afetar seu preço.

O controle e a análise desses fatores permitem uma abordagem mais consciente e estruturada diante das incertezas.

1.2 Desenvolvendo Resiliência Emocional para Lidar com Perdas Financeiras

O aspecto emocional é determinante para o sucesso financeiro. Perder pode ser desgastante, mas aprender a lidar com isso por meio da resiliência emocional é vital:

Manter o foco em longo prazo: Não permitir que uma perda de curto prazo altere a estratégia.

Análise reflexiva de erros: Observar falhas anteriores pode fornecer lições valiosas.

Suporte social e orientação externa: Participar de grupos ou buscar a ajuda de especialistas pode ajudar a equilibrar a emoção com a razão.

Desenvolver resiliência emocional garante que perdas não se transformem em barreiras de longo prazo.

1.3 Utilizando Experiências Passadas para Tomar Decisões Mais Informadas

O aprendizado constante é um recurso poderoso. Estudar erros próprios e alheios fornece insights para decisões mais estratégicas:

Análise Pessoal: Refletir sobre decisões passadas e identificar padrões.

Estudo de Exemplos Exitosos: Analisar decisões de grandes investidores pode fornecer informações para evitar riscos ou identificar oportunidades.

Exemplo: Estratégias bem-sucedidas de investidores renomados, como o uso da paciência, diversificação estratégica e análise técnica rigorosa, oferecem lições valiosas.

Seção 2: Aproveitando Oportunidades de Crescimento

2.1 Identificando e Capitalizando Oportunidades

O mercado financeiro está em constante transformação. Investidores devem estar preparados para identificar oportunidades que surgem de avanços tecnológicos, mudanças regulatórias ou mesmo crises de mercado.

Ferramentas e Indicadores para Identificação: Análises fundamentais e técnicas, combinando dados econômicos e tendências setoriais.

Fontes de informação: Notícias, relatórios de mercado e ferramentas analíticas especializadas.

Ao realizar estudos cuidadosos, os investidores podem capturar oportunidades antes que o mercado as reconheça amplamente.

2.2 Aprendendo com Casos de Sucesso

Casos históricos de grandes investidores mostram que sucesso é frequentemente resultado de foco, disciplina e visão estratégica:

Warren Buffett e a Estratégia de Investimento em Valor: Seu método é um exemplo de paciência e foco nos fundamentos econômicos.

Peter Lynch e a Observação Setorial: Seu método de observar o comportamento cotidiano para identificar empresas promissoras é uma abordagem prática de aprendizado.

Ray Dalio e o Estudo Macroeconômico: Com foco em princípios econômicos, sua abordagem incorpora dados e tendências para antecipar movimentos.

Esses exemplos mostram que estudar os erros e sucessos de outros pode ser um atalho valioso no aprendizado financeiro.

2.3 Ajustando a Abordagem com Base em Lições Passadas

O sucesso de longo prazo está alinhado ao ajuste estratégico contínuo. Realizar avaliações periódicas da carteira, aprender com cada erro ou ajuste e identificar elementos de volatilidade é fundamental.

Avaliação Periódica da Carteira: Revisão de alocação de ativos.

Atenção às mudanças macroeconômicas: As dinâmicas econômicas demandam flexibilidade.

O mercado é dinâmico; por isso, os investidores devem ajustar suas abordagens sempre que necessário.

Seção 3: Adaptando-se às Mudanças no Mercado

3.1 Reconhecendo Sinais de Mudança

Estar atento às mudanças é essencial. Alguns sinais importantes incluem:

Indicadores econômicos (inflação, taxas de desemprego, PIB).

Novos avanços tecnológicos.

Alterações políticas ou regulatórias.

Com o cenário global em constante mudança, antecipar esses fatores torna-se fundamental para a tomada de decisões estratégicas.

3.2 Aprendendo a se Adaptar

Os investidores precisam incorporar flexibilidade em suas abordagens:

Revisar e diversificar carteiras conforme mudanças no cenário macroeconômico.

Buscar educação financeira constante: O mercado é dinâmico e exige conhecimento constante.

A preparação é uma vantagem competitiva no ambiente financeiro.

3.3 Sabedoria e Resiliência com Base no Conhecimento Acumulado

Durante a jornada de investimento, a experiência se torna a maior aliada. O conhecimento adquirido pode ser aplicado de várias formas:

Gerenciamento emocional: Evitar reações impulsivas.

Buscar apoio de especialistas financeiros em momentos críticos.

Manter-se aberto ao aprendizado contínuo.

Essas práticas criam uma abordagem adaptável, permitindo que o investidor permaneça competitivo e preparado para o futuro.

Neste capítulo, exploramos como experiências passadas funcionam como guia para decisões futuras, com ênfase no aprendizado emocional, ajuste estratégico e resiliência financeira. Além disso, as tendências recentes revelam que os investidores devem estar preparados para o cenário tecnológico, digital e macroeconômico em constante mudança.

Agora, com ferramentas mais avançadas e dados atualizados, os investidores têm a oportunidade de aprimorar suas estratégias para enfrentar riscos e identificar novas oportunidades no dinâmico cenário financeiro de 2024.

Capítulo 14: Inteligência Emocional nos Investimentos

Introdução: O Papel das Emoções nos Investimentos

Muitas vezes acreditamos que as decisões financeiras são puramente racionais, fundamentadas apenas em dados e análises objetivas. No entanto, as emoções têm um impacto profundo sobre nossas decisões financeiras, desempenhando um papel crucial no sucesso ou fracasso de muitos investidores.

Em momentos de volatilidade no mercado, emoções como medo e ganância podem impulsionar decisões precipitadas, levando a perdas significativas. Da mesma forma, a confiança excessiva pode tornar os investidores cegos para riscos. Reconhecer esses padrões emocionais e aprender a controlá-los através da inteligência emocional é essencial para tomar decisões mais equilibradas e estratégicas.

Desenvolver essa habilidade oferece diversas vantagens:

Autocontrole emocional: Permite lidar com a pressão e o estresse do mercado de forma mais equilibrada.

Análise mais clara de cenários financeiros: Evita decisões motivadas por impulsos emocionais.

Compreensão de emoções alheias e percepção de tendências no mercado.

Portanto, desenvolver a inteligência emocional não é algo inato, mas uma habilidade que pode ser aprimorada através de práticas conscientes e estratégias de autogerenciamento emocional.

Ao longo deste capítulo, exploraremos as emoções mais comuns no mercado financeiro, como medo, ganância e arrependimento, além de estratégias para aprimorar o autogerenciamento emocional, praticar a empatia e fortalecer a resiliência emocional para lidar com desafios.

Seção 1: Consciência Emocional e Autogerenciamento

1.1 Reconhecendo e Compreendendo Suas Próprias Emoções ao Investir

O primeiro passo para desenvolver inteligência emocional no contexto financeiro é reconhecer e entender as emoções que influenciam suas decisões. Medos, incertezas e esperanças frequentemente afetam o julgamento, levando a decisões que não estão alinhadas com uma análise objetiva.

Exemplo Comum:
O medo pode fazer um investidor vender ações em momentos de queda, mesmo sem considerar fatores fundamentais do ativo ou do mercado. Por outro lado, a ganância pode levar a um excesso de otimismo e a investimentos em ativos de alto risco sem análise criteriosa.

Perguntas-chave para autorreflexão:

Como me sinto durante momentos de alta volatilidade no mercado?

Sinto-me confiante em minhas decisões financeiras ou frequentemente inseguro?

Meus medos estão baseados em dados ou apenas em emoções momentâneas?

Desenvolver a consciência emocional envolve identificar esses sentimentos e compreender suas causas, dando ao investidor ferramentas para controlar suas reações.

1.2 Aprendendo a Lidar com o Medo, a Ganância e Outros Sentimentos Comuns no Mercado

As emoções no mercado frequentemente têm raízes em fatores comportamentais e podem ser mitigadas por estratégias claras de gerenciamento:

Medo: Geralmente surge em períodos de queda no mercado. Uma abordagem útil é estabelecer limites claros para perdas. Por exemplo, determinar que está disposto a aceitar uma perda de até 5% antes de vender um ativo pode evitar decisões impulsivas.

Ganância: Pode levar ao excesso de confiança. Evitar a tomada de decisões baseadas em especulações ou euforia é essencial.

Estratégias para Controle Emocional:

Estabelecer metas claras: Ter objetivos bem definidos cria uma perspectiva de longo prazo.

Criar planos de investimento com regras fixas.

Adotar uma abordagem sistemática: Seguir estratégias baseadas em dados e análises evita a influência de emoções.

Manter uma visão de longo prazo e um foco nos fundamentos é a chave para neutralizar esses sentimentos e tomar decisões baseadas em planejamento.

1.3 Praticando Técnicas de Autogerenciamento Emocional

O autogerenciamento emocional envolve habilidades práticas que qualquer investidor pode desenvolver:

Autoconsciência: Reserve tempo para refletir sobre suas emoções e seus gatilhos emocionais.

Mindfulness (Atenção Plena): A prática de estar presente no momento evita reações impulsivas e ajuda a controlar o estresse.

Respiração e pausa reflexiva: Antes de tomar qualquer decisão, respire profundamente, analise cenários e minimize a pressão emocional.

Educação contínua: Conhecimento reduz a incerteza. Quanto mais você estuda investimentos e mercado, menos dependente se torna de emoções.

Aplicando essas práticas regularmente, você fortalece sua capacidade de permanecer calmo diante das pressões do mercado, melhorando a tomada de decisões.

Seção 2: Empatia e Relacionamentos Interpessoais

2.1 A Importância da Empatia no Mercado

A empatia consiste em se colocar no lugar do outro para entender suas perspectivas e emoções. No mercado financeiro, isso é fundamental para criar conexões, antecipar comportamentos e fortalecer a confiança em negociações.

Por exemplo: Durante períodos de incerteza econômica, um investidor que percebe o estresse e as incertezas de outros investidores pode ajustar sua abordagem, beneficiando-se de uma visão mais equilibrada e informada.

Benefícios da empatia nos investimentos:

Melhoria nos relacionamentos profissionais e nos mercados.

Construção de confiança mútua em momentos críticos.

Acesso a informações privilegiadas por meio de relacionamentos transparentes.

2.2 Construindo Relacionamentos Interpessoais e Networking Estratégico

Relacionamentos bem cultivados no setor financeiro têm impacto direto sobre oportunidades futuras:

Participação em grupos e fóruns de investimento: A troca de experiências e análises promove conhecimento coletivo.

Networking em eventos e conferências: Conhecer profissionais do setor oferece insights importantes e acesso a novos investimentos.

Mentorias e aprendizado coletivo: A experiência de investidores experientes pode acelerar seu progresso financeiro.

Cultivar relacionamentos através da empatia fortalece suas estratégias de longo prazo, permitindo uma abordagem colaborativa em vez de individualista.

Seção 3: Resiliência e Aprendizado

3.1 Desenvolvendo Resiliência Emocional

A resiliência emocional é a capacidade de se recuperar rapidamente após contratempos ou perdas financeiras. É a habilidade de manter a calma sob pressão e continuar avançando mesmo diante da adversidade.

Exemplo: Um investidor que experimenta uma perda no mercado e reage com calma, reavaliando seus dados e planejando estratégias futuras, apresenta resiliência emocional.

3.2 Transformando Experiências Adversas em Lições

Cada erro ou perda pode se transformar em uma oportunidade de aprendizado:

Análise pós-queda: Revisar fatores determinantes em investimentos que falharam.

Planejamento estratégico após adversidades: Adaptar a abordagem para evitar os mesmos riscos no futuro.

Essa mentalidade permite que experiências negativas se transformem em insights valiosos.

3.3 Cultivando a Mentalidade de Crescimento

Manter-se aberto ao aprendizado contínuo é essencial para desenvolver uma mentalidade de crescimento. Isso inclui:

Buscar constantemente conhecimento financeiro.

Manter-se atualizado sobre o cenário econômico e inovações financeiras.

Buscar feedback e se abrir para perspectivas diferentes.

Desenvolver a inteligência emocional é um investimento em si mesmo. É um compromisso com o autocontrole, a confiança e a preparação para lidar com um mercado financeiro sempre dinâmico.

Capítulo 15: Navegando pelas Emoções dos Investimentos

Introdução: A Influência das Emoções nas Decisões Financeiras

Investir não é apenas uma decisão lógica ou estratégica. O lado emocional desempenha um papel fundamental no comportamento de qualquer investidor, impactando suas decisões financeiras de maneira significativa. Reconhecer como o medo, a ganância, a esperança e outros sentimentos afetam as decisões financeiras é crucial para lidar melhor com esses desafios e alinhar-se aos objetivos de longo prazo.

Neste capítulo, abordaremos como as emoções afetam os investimentos, os desafios emocionais enfrentados por investidores e estratégias práticas para manter equilíbrio emocional diante das oscilações do mercado.

Seção 1: Dominando a Inteligência Emocional - Aprendendo a Gerenciar Emoções no Mercado

1.1 Autoconhecimento Emocional: A Base da Inteligência Emocional

O autoconhecimento emocional é a capacidade de identificar e entender seus próprios sentimentos e como eles impactam suas decisões financeiras. A autoconsciência permite que você perceba quando a ganância ou o medo estão interferindo em seu comportamento no mercado.

Imagine que o mercado está em queda, e você sente um impulso de vender todas as ações. A inteligência emocional ajuda a pausar esse impulso, analisar a situação de forma lógica e tomar decisões fundamentadas.

Estratégia Prática:

Diário Emocional: Mantenha um registro das suas decisões financeiras e as emoções que as acompanharam. Isso ajuda a identificar padrões emocionais recorrentes.

Análise Periódica: Avalie situações passadas onde emoções impulsivas afetaram suas decisões para criar estratégias de controle.

1.2 Gerenciamento de Emoções Negativas

Em um ambiente de mercado volátil, o medo e a ganância são emoções comuns que podem levar a decisões financeiras prejudiciais. A chave para lidar com essas emoções é compreender sua origem e redefini-las de forma estratégica.

Como evitar a armadilha emocional:

Medo: Pode ser mitigado através da análise técnica e foco no longo prazo. Em vez de agir por pânico, valide suas informações.

Ganância: Transforme-a em disciplina ao avaliar os riscos realisticamente e agir de acordo com um plano financeiro bem estruturado.

Ferramentas Estratégicas:

Avalie sempre os fundamentos das decisões e ajuste sua abordagem de acordo com seus objetivos de longo prazo.

1.3 Desenvolvendo a Empatia Financeira

A empatia emocional consiste em se colocar no lugar dos outros investidores para compreender suas motivações. Isso ajuda a evitar o comportamento de manada, ou seja, seguir as decisões da maioria sem análise.

Por que a empatia financeira é importante? Ela promove uma perspectiva mais racional e menos emocional, afastando-se de decisões impulsivas motivadas pela pressão social ou pela tendência do mercado.

Aplicando a Empatia Financeira:

Analise os movimentos do mercado considerando múltiplos pontos de vista.

Evite ser influenciado apenas por notícias ou opiniões em massa.

Seção 2: Construindo Resiliência e Disciplina - A Base do Investidor Resiliente

2.1 O Que é Resiliência Financeira?

Resiliência significa a habilidade de enfrentar desafios, se recuperar após perdas e se ajustar às mudanças do mercado sem perder o foco. Um investidor resiliente se adapta às oscilações financeiras sem deixar-se dominar pela ansiedade ou euforia.

Como desenvolver resiliência financeira?

Invista em educação constante para aumentar confiança e conhecimento.

Tenha uma mentalidade flexível e esteja aberto para ajustar estratégias.

2.2 Estratégias para Desenvolver Autocontrole Financeiro

A impulsividade é um dos maiores inimigos dos investidores. Decisões precipitadas frequentemente surgem em momentos de estresse emocional.

Práticas de autocontrole:

Definição de limites de perda: Estabeleça um valor máximo aceitável para perdas em cada operação.

Planejamento financeiro rigoroso: Tome decisões com base em planos financeiros sólidos, e não em emoções momentâneas.

Consulta externa: Utilize consultoria financeira ou análises técnicas para avaliar oportunidades.

2.3 Hábitos Disciplinares: A Chave para Estratégias de Longo Prazo

Disciplina é a capacidade de seguir rotinas e manter o foco, mesmo diante das incertezas do mercado. Ela garante que decisões sejam alinhadas com metas financeiras de longo prazo.

Dicas para criar rotinas financeiras saudáveis:

Dedique horários específicos para análise de mercado.

Mantenha metas financeiras mensais claras e atualize-as regularmente.

Automatize investimentos para reduzir o risco de decisões impulsivas.

Seção 3: Estratégias para Lidar com o Estresse Financeiro - Recuperando Equilíbrio

3.1 Técnicas para Gerenciamento do Estresse

O estresse financeiro ocorre como resposta ao ambiente volátil do mercado, especialmente em cenários de incerteza. Técnicas comprovadas podem ajudar a reduzir esses níveis e retornar o equilíbrio emocional.

Estratégias eficazes:

Meditação e mindfulness: A prática regular acalma a mente, reduzindo os impulsos emocionais.

Exercícios físicos: Atividades como ioga e caminhadas ajudam a liberar tensões e regular os níveis de cortisol no organismo.

Planejamento financeiro: Saber que você possui estratégias claras traz segurança e reduz a sensação de incerteza.

3.2 Redes de Suporte: Compartilhando Desafios

Você não precisa enfrentar as flutuações do mercado sozinho. Compartilhar experiências financeiras com outros investidores ou buscar a orientação de mentores pode oferecer uma perspectiva externa importante.

Passos para criar sua rede de apoio:

Participe de fóruns e comunidades financeiras.

Considere a busca por um mentor financeiro experiente.

Compartilhe desafios e conquistas, buscando sempre aprendizado.

3.3 Práticas de Autocuidado: Priorize seu Bem-Estar

Equilibrar a vida pessoal com decisões financeiras é essencial para evitar o esgotamento emocional. O autocuidado não é apenas um luxo, mas uma prática essencial para manter uma mentalidade positiva e equilibrada.

Práticas recomendadas:

Reserve tempo para hobbies e atividades de relaxamento.

Estabeleça limites claros entre o tempo dedicado ao trabalho e ao descanso.

Desconecte-se periodicamente das flutuações do mercado.

Capítulo 16: Superando os Desafios Psicológicos dos Investimentos

Introdução: A Psicologia dos Investimentos

Os investimentos vão além de análises financeiras e números. Eles são profundamente influenciados por emoções e vieses cognitivos, que frequentemente afetam nossas decisões de forma inconsciente. Por isso, compreender esses elementos é o primeiro passo para enfrentar os desafios emocionais no cenário financeiro.

Emoções como ganância e medo, ou até mesmo a aversão a riscos, podem levar a decisões impulsivas ou conservadoras demais. Além disso, padrões cognitivos automáticos, como o viés de confirmação, tendem a distorcer nossa percepção e análise.

Neste capítulo, exploraremos estratégias práticas para superar esses desafios emocionais, como gerenciar a volatilidade, lidar com incertezas, desenvolver resiliência e aplicar a disciplina nos investimentos. O objetivo é oferecer ferramentas que ajudem você a tomar decisões objetivas, alinhadas aos seus objetivos financeiros.

Vamos explorar, agora, as abordagens para transformar essas barreiras emocionais em oportunidades de crescimento.

Seção 1: Controlando o Medo e a Ganância

1.1 Explorando o medo e a aversão ao risco

O medo e a aversão ao risco são respostas emocionais naturais no contexto financeiro. O medo surge frequentemente diante de perdas ou volatilidade. Por sua vez, a aversão ao risco leva o investidor a evitar investimentos com alto potencial de flutuação, mesmo que apresentem retorno maior no longo prazo.

Estratégias para lidar com esses sentimentos incluem:

Compreender que todo investimento envolve risco, mas também possibilidade de crescimento.

Avaliar cuidadosamente a relação entre risco e retorno.

Diversificar investimentos como método para mitigar riscos.

O equilíbrio emocional é crucial para evitar decisões excessivamente conservadoras ou impulsivas. Lembre-se: entender o risco é o primeiro passo para gerenciá-lo.

1.2 Compreendendo a ganância

A ganância impulsiona muitos investidores a buscar retornos rápidos ou exagerados, o que os leva a decisões precipitadas ou investimentos em ativos com alto risco. Buscar retornos excessivamente rápidos tende a ser prejudicial, levando a perdas significativas.

Estratégias para superar esse impulso incluem:

Definir metas financeiras claras e alcançáveis.

Manter-se focado em estratégias de longo prazo.

Evitar seguir movimentos especulativos do mercado.

Investimentos bem-sucedidos exigem paciência, disciplina e foco no crescimento gradual.

1.3 Estratégias práticas para o controle emocional

Aqui estão ferramentas objetivas que você pode implementar no seu dia a dia para lidar com emoções negativas:

Educação Contínua:
Aumente seu conhecimento sobre finanças e investimentos. Quanto mais informado estiver, maior sua confiança e menor seu receio diante de decisões financeiras.

Definição de Metas Claras:
Objetivos bem definidos fornecem um horizonte claro, reduzindo decisões impulsivas e alinhando suas ações.

Diversificação do Portfólio:
A alocação estratégica de recursos em diferentes ativos é essencial para gerenciar riscos.

Manter a perspectiva de longo prazo:
Evite tomar decisões emocionais com base em movimentos de curto prazo.

Buscar orientação profissional:
Profissionais qualificados oferecem uma análise objetiva e não tendenciosa que ajuda a evitar decisões baseadas apenas no emocional.

Aplicando essas estratégias, você estará mais bem preparado para evitar que emoções como medo e ganância interfiram em seus objetivos financeiros.

Seção 2: Lidando com a Incerteza e a Volatilidade

2.1 Aceitando a incerteza como parte natural do mercado

O mercado financeiro é, por definição, instável. Fenômenos externos, como mudanças políticas, desastres naturais ou indicadores econômicos, têm o poder de alterar o cenário financeiro de forma abrupta. Portanto, aceitar que a incerteza é parte do jogo é fundamental para manter-se equilibrado emocionalmente.

O foco deve ser:

Trabalhar com cenários e probabilidades, não com previsões absolutas.

Concentrar-se em oportunidades dentro dessa volatilidade.

A chave para enfrentar a incerteza está em não lutar contra ela, mas ajustar-se para gerenciá-la de maneira estratégica.

2.2 Desenvolvendo resiliência diante de períodos instáveis

A volatilidade é constante no mercado financeiro, e aprender a se recuperar rapidamente após períodos de perda é um sinal de resiliência. A resiliência emocional envolve:

Manter a calma diante das flutuações.

Ajustar estratégias de investimento conforme necessário.

Os investidores resilientes são aqueles que enxergam a volatilidade como uma oportunidade, aproveitando os momentos para ajustar investimentos e buscar novas oportunidades.

2.3 Estratégias e ferramentas para gerenciar riscos

Algumas práticas para lidar com a incerteza incluem:

Análises técnicas e fundamentais: Utilize dados históricos e tendências de mercado para identificar padrões e oportunidades.

Estabeleça limites de perda (stop-loss): Proteja seu patrimônio com estratégias que estabeleçam limites automáticos de perda em caso de movimentos adversos.

Diversificação do portfólio: A combinação de ativos ajuda a equilibrar riscos e retornos no longo prazo.

Ferramentas financeiras como opções e contratos futuros: Esses instrumentos permitem se proteger contra quedas bruscas e volatilidade.

Essas ferramentas permitem ao investidor se manter preparado para qualquer cenário, evitando decisões impulsivas e mal fundamentadas.

Seção 3: Tomando Decisões Racionais e Disciplinares

3.1 Evitando vieses cognitivos

Os vieses cognitivos afetam nossa tomada de decisão sem que percebamos. Exemplos comuns incluem:

Viés de Confirmação: Buscar informações que apenas validam crenças pessoais.

Viés de Ancoragem: Fixar-se em um ponto de referência e ignorar novas informações.

Para evitar esses vieses:

Busque opiniões diversas.

Desafie suas próprias suposições regularmente.

Realize análises baseadas em dados e evidências.

Tomar decisões com base em uma mente objetiva e aberta é fundamental para evitar erros.

3.2 Criando um processo de tomada de decisão estruturado

Um bom processo inclui as seguintes etapas:

Definir objetivos claros e realistas.

Realizar análises detalhadas antes de tomar qualquer ação.

Avaliar diferentes cenários econômicos e ajustar suas decisões com base em dados.

Tomar decisões estruturadas evita que emoções ou rumores afetem suas escolhas financeiras.

3.3 Mantendo disciplina com estratégias de longo prazo

A disciplina é a base para qualquer investimento bem-sucedido. Ela significa aderir a um plano, mesmo nos momentos de volatilidade. Exemplos incluem:

Investimento sistemático em índices no longo prazo.

Manter o foco no horizonte de longo prazo em vez de se deixar levar por picos ou quedas do mercado.

Essa abordagem reduz a influência da emoção e oferece uma base sólida para resultados consistentes.

Capítulo 17: Superando Desafios e Lidando com a Adversidade

Introdução: Os Desafios do Mercado Financeiro

Investir no mercado financeiro representa uma jornada complexa, marcada por volatilidade, incertezas e uma dinâmica constantemente em transformação. A volatilidade é um reflexo direto de fatores econômicos, políticos e sociais globais, podendo representar tanto uma oportunidade quanto um risco para investidores. Superar esses desafios significa desenvolver resiliência, estratégias eficientes e uma abordagem emocional equilibrada para navegar com sucesso pelo cenário financeiro.

Os investidores bem-sucedidos reconhecem que cada desafio enfrentado é uma oportunidade para aprendizado, adaptação e crescimento. O gerenciamento de riscos, a disciplina, a estratégia de longo prazo e a habilidade emocional constituem pilares fundamentais para enfrentar esses obstáculos de maneira proativa.

1. Aceitando a Volatilidade e o Risco

1.1 Entendendo a natureza volátil dos mercados financeiros

Os mercados financeiros são, por sua natureza, sujeitos a uma ampla gama de fatores imprevisíveis, como mudanças políticas, conflitos internacionais, decisões governamentais e crises econômicas. Cada um desses elementos afeta diretamente a percepção de risco e o valor dos ativos financeiros. Segundo especialistas como a teoria da ineficiência do mercado de Fama (1970), a volatilidade pode ser amplificada por fatores comportamentais, especulações e falta de liquidez.

Aceitar essa volatilidade como parte do cenário econômico é o primeiro passo para lidar com ela de maneira consciente. Isso exige análise constante e uma abordagem fundamentada em dados históricos e projeções.

1.2 Gerenciando o risco de forma adequada

Gerenciar riscos é fundamental para proteger o capital e garantir o crescimento sustentável no longo prazo. Estratégias eficazes incluem:

Diversificação da Carteira: Distribuir investimentos entre diferentes classes de ativos (ações, títulos, commodities) e setores.

Alocação Estratégica de Recursos: Ajustar o peso de cada ativo com base no perfil de risco e no horizonte de investimento.

Uso de Proteções com Instrumentos Derivativos: Implementação de estratégias como opções e contratos futuros para proteger-se contra movimentos inesperados.

Essas estratégias devem estar alinhadas ao perfil individual de risco, horizonte de investimento e objetivos financeiros.

1.3 Mantendo a calma durante períodos de turbulência

Nos momentos de incerteza econômica e volatilidade, o fator emocional frequentemente representa um risco adicional. O medo de perder capital ou o desejo de capitalizar em altas podem levar investidores a decisões impulsivas. Estudos recentes (como os de Kahneman e Tversky, no campo da economia comportamental) mostram que decisões emocionais frequentemente afetam negativamente a rentabilidade de longo prazo.

Os investidores bem-sucedidos baseiam-se em estratégias objetivas e análises fundamentadas para manter a calma, mesmo em cenários instáveis. O uso de ordens automáticas, como stop-loss, pode ser uma solução estratégica para evitar o pânico durante as quedas de mercado.

---

2. Lidando com Perdas e Reviravoltas

2.1 A importância de uma mentalidade de aprendizado

As perdas são inevitáveis no mercado financeiro e podem ser oportunidades de aprendizado valiosas. A perspectiva psicológica adotada diante das perdas é crucial: aceitá-las sem emoção excessiva e analisá-las como feedback é uma prática essencial para se aprimorar como investidor.

Investidores renomados, como Warren Buffett, enfatizam a importância de aprender com cada erro, utilizando esses momentos como alavancas para ajustar estratégias e melhorar abordagens futuras.

2.2 Avaliando e aprendendo com os erros

O aprendizado com erros demanda uma abordagem crítica e analítica. É fundamental investigar fatores internos e externos que contribuíram para a perda, como:

Estratégias inadequadas.

Má análise de mercado.

Mudanças inesperadas no cenário macroeconômico.

Utilizando ferramentas de revisão e análises de cenários, os investidores podem desenvolver planos de contingência para evitar repetir os mesmos erros.

2.3 Recuperando-se de perdas financeiras e ajustando a estratégia

Após enfrentar uma perda, é necessário ajustar-se emocionalmente e estrategicamente:

Reavaliar a tolerância ao risco: Ajustar o perfil de investimento conforme a situação atual.

Diversificar a carteira: Reduzindo a concentração em classes de ativos vulneráveis.

Buscar novas oportunidades: Explorando setores ou abordagens que possam oferecer rentabilidade no horizonte de longo prazo.

Estratégias fundamentadas, aliadas à flexibilidade e adaptação, permitem a recuperação gradual e sustentável após períodos de adversidade.

---

3. Mantendo o Foco a Longo Prazo

3.1 Evitando distrações e ruídos do mercado

O ambiente financeiro é frequentemente marcado por uma quantidade excessiva de informações e especulações. Notícias de curto prazo e movimentos especulativos podem desviar os investidores de seus objetivos estratégicos. O sucesso vem da habilidade de distinguir entre dados relevantes e ruído informacional, mantendo-se fiel aos objetivos de longo prazo.

3.2 Estratégias baseadas em disciplina

Manter-se fiel à estratégia de longo prazo exige consistência e paciência. Isso significa resistir ao impulso de "timing de mercado" e confiar em planos estruturados com base em análises objetivas. Estratégias como o buy and hold ou investimentos baseados em análise fundamentalista têm se mostrado eficazes ao longo do tempo, especialmente em períodos de volatilidade.

3.3 O papel da paciência e da disciplina

O sucesso no mercado financeiro é construído com consistência. Tendências e resultados significativos exigem tempo para se materializar. Portanto, paciência, disciplina e o compromisso com um planejamento estratégico são essenciais para resistir a períodos de instabilidade.

---

4. Buscando Apoio e Orientação

4.1 Rede de apoio no ambiente financeiro

Construir conexões profissionais com outros investidores e especialistas financeiros permite uma troca de informações valiosa. Grupos de investidores, fóruns especializados e a busca por orientação através de análises financeiras externas ajudam a ampliar horizontes.

4.2 Mentoria como estratégia de aprendizado

Buscar orientação de mentores financeiros ou consultores especializados permite uma curva de aprendizado acelerada, reduzindo riscos e proporcionando uma visão mais profissional sobre o cenário financeiro.

4.3 Aprendendo com a experiência coletiva

Experiências passadas, sejam elas individuais ou coletivas, são ferramentas poderosas para moldar decisões estratégicas futuras. Investidores que compartilham experiências oferecem uma base rica de aprendizado.

Dica do Escritor: Transformando Desafios em Oportunidades

Superar adversidades no mercado financeiro não é apenas uma habilidade: é uma mentalidade estratégica. A aceitação da volatilidade, a reconstrução após perdas e o foco em estratégias bem fundamentadas formam o alicerce da resiliência. Com aprendizado contínuo e adaptação, é possível prosperar em meio a qualquer desafio econômico.

Capítulo 18: Inteligência Emocional: O Fator Humano nos Investimentos

---

Introdução: Compreendendo a Importância da Inteligência Emocional

Embora o sucesso nos investimentos seja frequentemente associado a análises técnicas e estratégias financeiras, existe um elemento essencial frequentemente subestimado: a inteligência emocional (IE). O controle emocional e a autopercepção têm impacto direto nas decisões financeiras, influenciando desde o gerenciamento de riscos até as respostas diante de crises econômicas.

---

1. O Impacto das Emoções nas Decisões Financeiras

As emoções frequentemente guiam decisões financeiras, levando investidores a se comportarem de forma impulsiva, o que pode resultar em prejuízos. Medo, ganância, ansiedade e pânico são sentimentos comuns que interferem no processo decisório.

Medo: Pode levar a vendas precoces em períodos de baixa, sacrificando resultados no longo prazo.

Ganância: Pode resultar em investimentos de alto risco sem planejamento.

Ansiedade e Pânico: Aumentam a tendência de reatividade diante das flutuações do mercado.

Essas respostas emocionais muitas vezes desviam o investidor da análise objetiva, resultando em decisões que vão contra seus próprios interesses financeiros.

---

2. Desenvolvendo a Inteligência Emocional para Melhor Tomada de Decisão

A inteligência emocional envolve o autoconhecimento, a autorregulação, a empatia e habilidades sociais. Desenvolvê-la permite que o investidor tome decisões mais objetivas e menos reativas, mesmo em cenários instáveis.

2.1 Autoconhecimento Emocional

O primeiro passo é reconhecer como as emoções afetam decisões financeiras. Isso envolve identificar gatilhos emocionais e entender padrões de comportamento que influenciam investimentos.

Exemplo: Reconhecer que um período de perdas pode desencadear impulsos para vender ações, mesmo sem justificativa técnica.

2.2 Controle Emocional

Gerenciar emoções é fundamental para evitar decisões precipitadas. Técnicas como respiração consciente e práticas de mindfulness têm mostrado ser eficazes.

Mindfulness: Ajuda a manter clareza mental em momentos de alta volatilidade.

2.3 Empatia e Habilidades Sociais

A empatia não significa apenas entender as emoções pessoais, mas também as emoções de outros investidores e como estas impactam o mercado financeiro. O desenvolvimento de habilidades interpessoais torna as análises mais completas e evita decisões baseadas apenas no comportamento coletivo (comportamento de manada).

Seção 1: Autoconsciência e Autocontrole

1.1 Reconhecendo e Gerenciando Emoções Negativas

Medo e ansiedade frequentemente surgem durante períodos de incertezas econômicas. Reconhecer esses sinais, como frequência cardíaca acelerada ou tensão muscular, é o primeiro passo para interromper padrões emocionais prejudiciais.

Estratégias sugeridas:

Exercícios de relaxamento.

Buscar ajuda externa através de profissionais especializados.

1.2 Evitando Decisões Impulsivas

A impulsividade é perigosa nos mercados financeiros. Implementar pausas reflexivas antes de tomar decisões ajuda a reduzir a influência do emocional.

Dica: Criar metas claras e um plano de longo prazo ajuda a manter o foco e evitar decisões motivadas por emoções momentâneas.

1.3 Cultivando Paciência e Disciplina

Desenvolver paciência e disciplina é crucial para manter estratégias financeiras no longo prazo, mesmo diante de volatilidade.

Paciência: Entender que resultados sólidos demandam tempo e consistência.

Disciplina: Seguir o plano de investimentos sem se deixar levar por movimentos momentâneos.

Seção 2: Empatia e Relacionamentos Interpessoais

2.1 Compreendendo as Emoções dos Outros Investidores

A empatia permite entender o sentimento coletivo no mercado, identificando comportamentos de manada e evitando armadilhas emocionais.

Exemplo prático: Se muitos investidores estão vendendo devido ao pânico, é essencial discernir entre a análise racional e os movimentos emocionais da massa.

2.2 Lidando com a Influência da Multidão e o Comportamento de Manada

Os investidores frequentemente seguem tendências populares, ignorando análises técnicas. Desenvolver empatia e inteligência emocional pode ajudar a questionar esses padrões e investir de maneira mais independente.

2.3 Construindo Relacionamentos no Mercado

Relações saudáveis e colaborativas oferecem aprendizado e novas perspectivas financeiras. Habilidades sociais como comunicação, respeito e networking ajudam a compartilhar conhecimento e identificar oportunidades no mercado.

Seção 3: Resiliência e Adaptabilidade

3.1 Lidando com Perdas e Fracassos

Perdas financeiras fazem parte do mercado. O desafio está em como o investidor lida com elas. A resiliência emocional ajuda a enfrentar esses momentos sem permitir que o emocional comprometa decisões futuras.

Estratégia prática:

Reconhecer as emoções e aceitá-las sem negar seu impacto.

Evitar decisões reativas imediatas, como tentar recuperar rapidamente o dinheiro sem planejamento.

3.2 Aprendendo com Erros

Os fracassos oferecem lições valiosas. A capacidade de identificar falhas e ajustar estratégias é uma demonstração de inteligência emocional bem desenvolvida.

Ferramenta:

Manter um diário financeiro pode ajudar a entender padrões recorrentes e ajustar abordagens.

3.3 Mantendo a Mentalidade Positiva

Resiliência emocional também está ligada à perseverança. Ao manter uma atitude positiva, mesmo em cenários adversos, o investidor é capaz de enfrentar desafios e buscar crescimento em longo prazo.

Capítulo 19: Estratégias para Construção de Riqueza Sustentável

Introdução: O Caminho para a Riqueza com Consistência e Estratégia

Construir riqueza não é apenas sobre fazer dinheiro, mas sobre criar estabilidade financeira e garantir que seus recursos durem ao longo da vida. Enquanto muitos investidores se preocupam apenas com ganhos rápidos, a abordagem da construção de riqueza sustentável é focada em estratégias de longo prazo, disciplina, paciência e uso inteligente de recursos.

Ao combinar conhecimento financeiro com inteligência emocional, é possível criar um plano sólido que considera tanto fatores externos do mercado quanto fatores internos — como autocontrole, resiliência e adaptação — para enfrentar os altos e baixos do ambiente econômico. Este capítulo fornece estratégias práticas e insights para que você possa criar e implementar um plano de investimento orientado para crescimento sustentável.

Seção 1: Fundamentos para o Planejamento Estratégico

1.1 Definindo Objetivos Financeiros Claros e Alinhados

O primeiro passo para construir riqueza é ter clareza sobre onde você quer chegar. Isso significa definir metas financeiras específicas, realistas e mensuráveis, seja para curto, médio ou longo prazo. Exemplos incluem:

Curto Prazo: Criar um fundo de emergência ou pagar uma dívida.

Médio Prazo: Comprar um imóvel ou investir em educação superior para filhos.

Longo Prazo: Planejar uma aposentadoria confortável ou alcançar a independência financeira.

Ao estabelecer metas, utilize o método SMART (Específico, Mensurável, Atingível, Relevante, Temporal) para criar planos claros e alcançáveis.

Dica prática: Utilize ferramentas como planilhas financeiras ou aplicativos de planejamento para visualizar seu progresso.

1.2 Alinhando Estratégias com o Perfil de Investidor

Conhecer seu perfil de investidor é vital para escolher estratégias financeiras alinhadas com sua tolerância a riscos e objetivos. Os principais perfis incluem:

Conservador: Prefere investimentos seguros com retorno estável, como renda fixa.

Moderado: Busca equilíbrio entre segurança e rentabilidade, combinando renda fixa e ações.

Arrojado: Foca em investimentos de maior risco, como ações ou criptomoedas, visando retornos mais elevados.

Identifique seu perfil por meio de questionários financeiros ou com a ajuda de profissionais especializados. Estratégias alinhadas aumentam suas chances de manter consistência nos investimentos, mesmo diante da volatilidade do mercado.

1.3 Estratégias para o Equilíbrio entre Consumo e Poupança

Manter um equilíbrio entre gastar e economizar é essencial para construir riqueza sustentável. Adotar hábitos financeiros saudáveis é parte da estratégia:

Regra 50/30/20:

50% da renda para necessidades básicas (aluguel, alimentação, contas fixas).

30% para gastos variáveis e lazer.

20% para poupança e investimento.

Planejamento de despesas: Utilize análises periódicas para identificar padrões de consumo e eliminar gastos desnecessários.

Pague suas dívidas primeiro: Dívidas com altas taxas de juros (como cartões de crédito) tendem a comprometer seu progresso financeiro. O pagamento rápido dessas dívidas pode liberar capital para investimentos.

Experiência do leitor: Criar um orçamento claro e realista proporciona uma visão mais ampla das finanças pessoais e permite que o investimento se torne um hábito constante.

Seção 2: Estratégias de Investimento de Longo Prazo

2.1 Diversificação como Pilar da Segurança

Diversificar investimentos é uma estratégia fundamental para proteger seu capital. A ideia é não "colocar todos os ovos na mesma cesta", reduzindo riscos associados à volatilidade de qualquer ativo específico.

Categorias comuns para diversificação incluem:

Ações: Participação em empresas de diferentes setores.

Renda fixa: Títulos do governo e investimentos com liquidez garantida.

Fundos imobiliários (FIIs): Investimentos em imóveis sem necessidade de aquisição física.

Commodities e ativos alternativos: Ouro, petróleo, criptomoedas, entre outros ativos de proteção contra inflação e instabilidade.

Diversificar reduz riscos e possibilita aproveitar oportunidades de crescimento em diversos setores e mercados.

2.2 O Poder dos Juros Compostos

Os juros compostos funcionam como o "segredo" da construção de riqueza a longo prazo. Eles funcionam da seguinte maneira: quanto mais tempo você deixa o dinheiro investido, mais ele cresce devido ao retorno sobre o retorno anterior.

Exemplo simples:
Se você investe R$ 1.000,00 a 10% ao ano:

Após 1 ano: R$ 1.000 + 10% = R$ 1.100

Após 2 anos: R$ 1.100 + 10% = R$ 1.210

O crescimento aumenta significativamente com o passar dos anos. O quanto você poupa e a constância no investimento têm impacto direto sobre seus resultados ao longo do tempo.

Dica prática: Comece cedo e mantenha consistência. Mesmo pequenas quantias, quando investidas regularmente, tendem a se multiplicar de forma exponencial com o tempo.

2.3 Gestão de Riscos com Estratégias Proativas

Gerenciar riscos é fundamental para proteger seu capital. Uma estratégia de gestão eficaz inclui:

Definição de limites de perda (stop-loss): Ferramentas que limitam automaticamente as perdas em investimentos, protegendo-o de grandes quedas.

Planejamento de longo prazo: Evite decisões impulsivas motivadas por oscilações de curto prazo.

Rebalanceamento da carteira: Ajuste periodicamente seus investimentos para garantir alinhamento com seus objetivos e perfil de risco.

Gerenciar riscos não significa evitar investimentos, mas sim planejar-se adequadamente para mitigar incertezas do mercado.

Seção 3: Desenvolvendo Hábitos de Sucesso

3.1 Consistência e Disciplina como Hábitos Essenciais

O sucesso no investimento é mais sobre consistência do que sobre sorte. Práticas recomendadas:

Mantenha uma rotina de investimentos mensal, mesmo que em pequenas quantias.

Estabeleça metas claras e mantenha o foco mesmo diante de oscilações do mercado.

Dica bônus: Utilize aplicativos e ferramentas financeiras para monitorar investimentos e progressos.

3.2 Aprendizado Contínuo: Seu Maior Ativo

O mercado financeiro está em constante mudança. Manter-se atualizado sobre o cenário econômico, novos investimentos e tendências do mercado é um diferencial competitivo. Leia livros, faça cursos e participe de eventos relacionados à educação financeira.

Investir no conhecimento traz resultados que nenhum mercado instável pode tirar de você.

Capítulo 20: Inteligência Emocional para Tomada de Decisões

Introdução: O Papel da Inteligência Emocional na Tomada de Decisões Financeiras

Desenvolver inteligência emocional é como adicionar uma ferramenta indispensável ao arsenal de um investidor. Essa habilidade nos permite identificar e gerenciar emoções, garantindo decisões mais equilibradas, independentemente das pressões ou oscilações do mercado. A conexão entre autoconhecimento e autocontrole é especialmente valiosa para manter o foco em metas de longo prazo, protegendo-nos de reações impulsivas.

Além disso, a empatia desempenha um papel estratégico ao permitir que os investidores compreendam as ações de outros agentes do mercado e as dinâmicas de sentimento coletivo. Essa percepção pode ajudar a antecipar tendências e evitar armadilhas cognitivas, como o viés de confirmação, que frequentemente limita a análise objetiva.

Neste capítulo, você aprenderá a desenvolver habilidades emocionais aplicadas ao mercado financeiro, fortalecendo a resiliência diante de desafios e elevando a qualidade de suas decisões.

Seção 1: Autoconhecimento e Gestão Emocional

1.1 Reconhecendo e Compreendendo as Emoções nos Investimentos

O mercado financeiro desperta emoções intensas, como medo, ganância e ansiedade, que podem afetar significativamente nossas escolhas. Reconhecer e compreender esses sentimentos é o primeiro passo para controlá-los de forma construtiva. Uma abordagem eficaz inclui:

Autopercepção: Identifique como suas emoções impactam decisões específicas.

Registros emocionais: Mantenha um diário que relacione sentimentos com ações financeiras para reconhecer padrões.

1.2 Estratégias para Lidar com Ansiedade e Medo

A ansiedade e o medo são reações naturais às incertezas do mercado. Para gerenciá-los, considere:

Mindfulness: Reserve momentos diários para práticas de atenção plena, ajudando a manter o foco no presente e reduzir reações automáticas.

Planejamento sólido: Ter objetivos claros e um plano estruturado aumenta a confiança e minimiza as decisões reativas.

Educação contínua: O conhecimento sobre fundamentos e cenários de mercado reduz inseguranças e amplia a capacidade de ação.

1.3 Técnicas de Relaxamento e Mindfulness

Técnicas práticas para cultivar a calma emocional incluem:

Meditação: Cinco a dez minutos diários podem reduzir significativamente o estresse.

Exercícios de respiração: Técnicas como a respiração diafragmática ajudam a desacelerar a frequência cardíaca e recuperar o controle emocional.

Visualização positiva: Imagine cenários de sucesso para fortalecer a confiança e neutralizar pensamentos negativos.

O equilíbrio emocional é um componente essencial de um investidor bem-sucedido. Incorporar práticas de relaxamento à rotina ajuda a evitar decisões precipitadas em momentos críticos.

Seção 3: Adaptabilidade e Resiliência

3.1 Desenvolvendo uma Mentalidade Flexível

O mercado financeiro é dinâmico, e a adaptabilidade é a chave para navegar em meio a incertezas. Adote uma mentalidade aberta, combinando:

Curiosidade intelectual: Busque novas abordagens e analise tendências sob diferentes perspectivas.

Atualização constante: Invista em conhecimento sobre tecnologias emergentes, mudanças regulatórias e novas ferramentas de análise.

3.2 Aprendendo com Erros e Ajustando Estratégias

Fracassos são inevitáveis, mas aprender com eles é o que diferencia os investidores experientes. Transforme erros em insights:

Revisão de decisões: Analise suas escolhas anteriores para identificar pontos de melhoria.

Ajuste de estratégias: Utilize feedback para adaptar suas abordagens, considerando novas variáveis.

3.3 Cultivando Resiliência para Superar Adversidades

A resiliência é o que permite aos investidores se reerguerem após perdas financeiras. Fortaleça essa habilidade por meio de:

Rede de apoio: Compartilhe experiências e aprenda com outros investidores.

Perspectiva positiva: Enxergue perdas como oportunidades de crescimento e ajuste.

Práticas de autocompaixão: Evite o perfeccionismo excessivo e reconheça sua evolução contínua.

Capítulo 21: Análise Técnica - Decifrando os Padrões do Mercado

Introdução: O Papel da Análise Técnica nos Investimentos

A análise técnica é uma abordagem indispensável no mercado financeiro, sendo usada para decifrar os movimentos de preços e identificar padrões que ajudam a prever comportamentos futuros. Diferentemente da análise fundamentalista, que foca nos aspectos financeiros e econômicos de uma empresa, a análise técnica concentra-se exclusivamente no comportamento do mercado, refletido em gráficos e indicadores.

Diferenças entre Análise Técnica e Fundamentalista

Aspecto	Análise Técnica	Análise Fundamentalista
Foco	Padrões e tendências de preço	Valor intrínseco do ativo
Ferramentas	Gráficos, indicadores	Balanços, notícias econômicas
Horizonte temporal	Curto e médio prazo	Médio e longo prazo

Aspecto	Análise Técnica	Análise Fundamentalista
Aplicação	Pontos de entrada e saída	Avaliação do potencial do ativo

Seção 1: Princípios Básicos da Análise Técnica

1.1 Tipos de Gráficos

Os gráficos são a base da análise técnica. Cada tipo fornece informações específicas:

Gráfico de Linha: Mostra os preços de fechamento conectados por uma linha contínua. É ideal para identificar tendências gerais.

Gráfico de Barras: Apresenta as informações de preço de abertura, máxima, mínima e fechamento para cada intervalo de tempo. Útil para detalhar a volatilidade.

Gráfico de Candlesticks: Um dos mais populares, cada "vela" representa os preços de abertura, máxima, mínima e fechamento, indicando movimentos de alta (verde) ou baixa (vermelho).

1.2 Tendências de Mercado

As tendências são classificadas em três tipos principais:

Tipos de Tendência

Tendência	Característica	Estratégia
Alta	Topos e fundos ascendentes	Comprar em correções
Baixa	Topos e fundos descendentes	Vender em recuperações
Lateral	Preços oscilam em uma faixa	Operar entre suportes e resistências

1.3 Suportes, Resistências e Locações-Chave

Suporte: Nível em que a demanda é suficiente para interromper a queda do preço.

Resistência: Nível em que a oferta impede a continuação da alta.

Ferramentas como retrações de Fibonacci e pontos de pivô ajudam a identificar esses níveis, fornecendo maior precisão na estratégia.

Seção 2: Indicadores Técnicos e Ferramentas

2.1 Médias Móveis

As médias móveis suavizam as flutuações de preço e identificam tendências.

Tipos de Médias Móveis

Tipo	Descrição	Uso Prático
Média Móvel Simples (MMS)	Média aritmética de preços	Identificar tendências gerais
Média Móvel Exponencial (MME)	Dá peso maior a preços recentes	Detectar mudanças rápidas

Estratégias comuns incluem o "Golden Cross", onde a MMS de curto prazo cruza acima da MMS de longo prazo, indicando tendência de alta.

2.2 Osciladores

RSI (Índice de Força Relativa): Mede sobrecompra ou sobrevenda (valores acima de 70 indicam sobrecompra).

MACD: Combina médias móveis para identificar cruzamentos e mudanças de tendência.

Oscilador Estocástico: Mostra a posição do preço em relação a um intervalo específico (valores acima de 80 indicam sobrecompra).

Osciladores e Suas Funções

Oscilador	Função	Sinal Prático
RSI	Mede força e velocidade do preço	Comprar abaixo de 30, vender acima de 70
MACD	Indica cruzamentos de médias	Linhas cruzando sugerem compra ou venda
Estocástico	Determina extremos de preço	Ação em níveis de sobrecompra ou sobrevenda

Seção 3: Padrões Gráficos e Estratégias

3.1 Padrões de Continuação

Padrões como triângulos, bandeiras e cunhas sinalizam pausas temporárias antes de uma retomada da tendência.

Exemplos de Padrões de Continuação

Padrão	Descrição	Sinal de Entrada
Triângulo	Linhas convergentes	Rompimento na direção da tendência
Bandeira	Consolidado em faixa estreita	Confirmação após rompimento
Cunha	Consolidado com linhas inclinadas	Rompimento na direção da tendência

3.2 Padrões de Reversão

Incluem formações como cabeça e ombros, duplo fundo e martelo, indicando mudança de tendência.

Exemplos de Padrões de Reversão

Padrão	Descrição	Sinal de Reversão
Cabeça e Ombros	Pico central mais alto	Rompimento da linha do pescoço
Duplo Fundo	Dois toques no mesmo suporte	Reação do preço acima do topo anterior
Martelo	Pequeno corpo e longa sombra	Validação em zonas de suporte

Conclusão

A análise técnica é uma ferramenta poderosa, mas exige disciplina e gerenciamento de riscos. Ao combinar gráficos, indicadores e padrões, os investidores podem interpretar o mercado de forma eficaz, alinhando suas estratégias com objetivos específicos.

Benefícios da Análise Técnica

Benefício	Descrição
Tomada de decisão rápida	Identifica oportunidades de curto prazo
Clareza visual	Gráficos tornam as informações intuitivas
Flexibilidade	Pode ser aplicada em qualquer ativo ou mercado

Capítulo 22: A Arte da Análise Técnica

Introdução: O Papel da Análise Técnica nos Investimentos

A análise técnica transcende a simples observação de preços e volumes. Este capítulo explora os fundamentos que tornam essa metodologia uma ferramenta essencial no arsenal de investidores e traders. A abordagem oferece uma leitura detalhada do mercado, destacando padrões e tendências que ajudam a prever comportamentos futuros. Com uma compreensão sólida de suas vantagens, limitações e integração com outras técnicas, os leitores estarão equipados para incorporar a análise técnica em suas estratégias.

Seção 1: Fundamentos da Análise Técnica

1.1 Os Princípios Básicos

A análise técnica parte do princípio de que os preços refletem todas as informações disponíveis, e que o comportamento passado tende a se repetir devido à psicologia de mercado. Os principais pilares incluem:

Gráficos de Preço: Ferramentas primárias para identificar padrões visuais.

Linhas de Tendência: Indicadores de direção predominante dos preços.

Suporte e Resistência: Níveis críticos que influenciam o comportamento do preço.

1.2 Vantagens e Limitações

Vantagens:

Agilidade: Identificação rápida de oportunidades.

Flexibilidade: Aplicável a diversos mercados e ativos.

Visualização Intuitiva: Gráficos oferecem uma leitura clara do mercado.

Limitações:

Base no Passado: Não prevê eventos futuros inéditos.

Dependência de Cenários Normais: Ignora fatores econômicos externos, como crises globais.

Subjetividade: Interpretações podem variar entre analistas.

Seção 2: Ferramentas e Indicadores

2.1 Utilização de Gráficos

A análise gráfica inclui o estudo detalhado de formatos como candlesticks, gráficos de linha e barras. Cada estilo possui aplicações específicas, como identificar padrões de reversão (Ex: cabeça e ombros) ou consolidação (Ex: bandeiras).

2.2 Indicadores Técnicos

Os indicadores são usados para interpretar tendências de maneira quantitativa:

Médias Móveis (SMA, EMA): Filtram ruídos e destacam direções predominantes.

Osciladores (RSI, Estocástico): Avaliam condições extremas de preço.

Bandas de Bollinger: Indicam volatilidade e possíveis quebras de padrão.

2.3 Suporte e Resistência

Suporte: Níveis de preço onde a demanda impede quedas adicionais.

Resistência: Barreiras que restringem o avanço do preço.

Seção 3: Estratégias de Negociação

3.1 Estratégias Populares

Breakouts: Identificação de rompimentos em níveis-chave.

Reversões: Detecção de mudanças de tendência em zonas de sobrecompra/sobrevenda.

Pullbacks: Entrada em mercados em correção.

3.2 Estabelecimento de Critérios

Critérios claros de entrada e saída reduzem a subjetividade:

Entrada: Confirmada por padrões técnicos ou cruzamentos de indicadores.

Saída: Baseada em níveis técnicos de stop-loss ou take-profit.

Seção 4: Integração da Análise Técnica e Fundamentalista

4.1 Complementaridade

Enquanto a análise técnica fornece insights sobre o "quando", a análise fundamentalista responde ao "por quê". Uma abordagem integrada une sinais gráficos a fundamentos sólidos.

4.2 Uso Combinado

Exemplo prático:

Técnica: RSI sugere reversão.

Fundamentalista: Relatórios indicam recuperação econômica.

Esse alinhamento aumenta a precisão e reduz o risco.

Conclusão

A análise técnica é tanto uma arte quanto uma ciência. Quando usada corretamente, oferece insights valiosos para decisões embasadas, mas exige disciplina e prática contínua. A integração com a análise fundamentalista enriquece sua eficácia, criando uma abordagem holística para o sucesso financeiro.

Resumo das Ferramentas e Estratégias para Análise Técnica

Ferramenta	Uso Prático	Complemento Ideal
Gráficos (Candlesticks)	Identificação de padrões	Combinar com níveis de Fibonacci
RSI	Verificar sobrecompra/sobrevenda	Análise de tendências
Suporte e Resistência	Definir pontos de entrada/saída	Confirmar com médias móveis

Capítulo 23: O Futuro dos Investimentos: Tendências e Inovações

---

Introdução: A Transformação do Mercado Financeiro

O mercado financeiro evolui continuamente, impulsionado por avanços tecnológicos, mudanças regulatórias e transformações socioeconômicas. Nesta era dinâmica, os investidores enfrentam desafios únicos, mas também têm acesso a oportunidades sem precedentes. Este capítulo explora as tendências que moldam o futuro dos investimentos e como os investidores podem se preparar estrategicamente para prosperar nesse cenário em constante mudança.

Seção 1: Tecnologia e Investimentos

1.1 IA: A Revolução na Tomada de Decisões Financeiras

A inteligência artificial (IA) e o aprendizado de máquina estão transformando a análise financeira. Com a capacidade de processar grandes volumes de dados, essas tecnologias identificam padrões ocultos e oferecem insights preditivos mais precisos.

Exemplo prático: Fundos quantitativos, como os operados pela Renaissance Technologies, usam algoritmos baseados em IA para maximizar retornos.

Benefício principal: Redução de erros humanos e maior eficiência na alocação de recursos.

Dica prática: Experimente plataformas acessíveis como a Google TensorFlow para entender os conceitos básicos de IA e sua aplicação em finanças.

1.2 Blockchain e Criptomoedas: O Futuro da Transparência Financeira

A tecnologia blockchain está remodelando o conceito de confiança nos mercados financeiros, proporcionando maior segurança e rastreabilidade.

Oportunidades: Investimentos em criptomoedas, tokenização de ativos físicos e contratos inteligentes.

Desafios: Riscos regulatórios e volatilidade. Por exemplo, o preço do Bitcoin variou mais de 70% em 2023, evidenciando a necessidade de cautela.

Dica prática: Pesquise stablecoins, que oferecem uma alternativa menos volátil em relação às criptomoedas tradicionais.

1.3 Ferramentas Digitais: Tornando Decisões Mais Simples

Softwares como Morningstar, Bloomberg Terminal e apps como Robinhood fornecem acesso a análises técnicas avançadas e informações em tempo real.

Exemplo prático: Use aplicativos para rastrear portfólios e receber alertas sobre mudanças de mercado.

Atenção: Evite depender exclusivamente dessas ferramentas; sempre complemente com pesquisa própria.

Seção 2: Investimentos Sustentáveis e Responsáveis

2.1 Consciência Ambiental e Social em Ascensão

Investidores estão cada vez mais atentos ao impacto social e ambiental de suas decisões. Essa tendência tem impulsionado os critérios ESG (Environmental, Social, Governance), que priorizam sustentabilidade.

Estatística: Globalmente, os ativos sob gestão ESG ultrapassaram US$ 50 trilhões em 2023, de acordo com a Morningstar.

Impacto: Empresas alinhadas aos princípios ESG frequentemente superam concorrentes em performance financeira a longo prazo.

Dica prática: Avalie fundos ESG com base na metodologia de classificação de instituições confiáveis, como MSCI ESG Ratings.

2.2 Encontrando o Equilíbrio entre Retorno e Impacto Positivo

Pesquisas indicam que práticas ESG podem gerar maior retorno ajustado ao risco. No entanto, é essencial considerar a adequação desses ativos aos seus objetivos financeiros.

Exemplo prático: Green bonds (títulos verdes) são investimentos que financiam projetos sustentáveis, como energia renovável.

Seção 3: Democratização dos Investimentos

3.1 Tornando os Investimentos Acessíveis

Plataformas digitais estão removendo barreiras de entrada. Aplicativos como eToro e Acorns permitem que investidores iniciantes acessem mercados antes restritos.

Novidade: A negociação fracionada tornou possível comprar partes de ações de grandes empresas, como a Amazon ou Apple, com valores baixos.

Dica prática: Comece com um orçamento pequeno e utilize simuladores para adquirir experiência antes de investir grandes somas.

3.2 Educação Financeira: O Alicerce da Inclusão

A alfabetização financeira é a base para investimentos informados. Instituições como CVM Educa oferecem recursos gratuitos para capacitação.

Exemplo prático: Considere participar de cursos introdutórios em plataformas como Coursera ou Khan Academy.

Entendido! Vou analisar o Capítulo 24, comparando-o com os temas abordados nos capítulos anteriores que você me forneceu, para verificar a redundância e assegurar alinhamento com todas as determinações. Após essa análise, enviarei o capítulo revisado com as melhorias necessárias, evitando duplicações e garantindo clareza, profundidade e profissionalismo.

Capítulo 24: O Futuro dos Investimentos - Tecnologia e Inovação

---

Introdução: A Transformação Digital no Mercado Financeiro

O mercado financeiro passou por uma revolução tecnológica sem precedentes, impulsionada pela inovação e pela transformação digital. O cenário atual reflete uma mudança estrutural: ferramentas sofisticadas, inteligência artificial, blockchain e novas tecnologias estão remodelando a experiência do investidor, a análise de dados e a segurança no ambiente financeiro. Este capítulo explora como essas tecnologias estão não apenas transformando o presente, mas moldando o futuro dos investimentos em uma era cada vez mais digitalizada.

Seção 1: O Papel das Fintechs e Plataformas Digitais no Mercado de Investimentos

1.1 O Surgimento e Impacto das Fintechs

As fintechs têm se destacado como agentes transformadores no mercado financeiro. Elas combinam tecnologia avançada com soluções financeiras inovadoras, oferecendo serviços financeiros que rompem as barreiras das estruturas tradicionais. O principal diferencial das fintechs é sua agilidade e acessibilidade, proporcionando a democratização dos investimentos. Isso significa que investidores com baixo capital ou experiência limitada têm agora acesso a soluções robustas e modernas.

Essas inovações vão além do simples acesso a investimentos. Elas incluem análise de dados avançada, aplicações financeiras baseadas em inteligência artificial e plataformas digitais que oferecem serviços personalizados e com baixas taxas comparadas às instituições financeiras tradicionais.

1.2 Plataformas Digitais e as Novas Experiências para Investidores

Atualmente, temos diversas modalidades de plataformas digitais que oferecem alternativas de investimento inovadoras:

Plataformas Tradicionais de Investimento: Corretoras clássicas que permitem a compra de ações, fundos e outros ativos no mercado financeiro.

Crowdfunding e Crowdlending: Os investidores agora têm acesso a oportunidades de participação em startups e projetos através do financiamento coletivo, diversificando suas estratégias de risco.

Robo-advisors e Inteligência Artificial Aplicada à Gestão de Carteiras: Plataformas automatizadas, baseadas em algoritmos, que criam carteiras ajustadas ao perfil de risco e aos objetivos financeiros de cada investidor.

Essas plataformas são vantajosas por sua simplicidade, rapidez, e pelo acesso a taxas menores e múltiplas opções de investimento. Contudo, o uso dessas ferramentas demanda responsabilidade. O desafio reside em entender suas especificidades, as tecnologias subjacentes e a segurança envolvida.

Seção 2: IA, Big Data e a Nova Era da Análise Financeira

2.1 O Poder da Inteligência Artificial na Tomada de Decisões

A inteligência artificial (IA) tornou-se uma peça-chave no universo financeiro, permitindo análises complexas e decisões fundamentadas em dados em tempo real. Seu impacto está especialmente visível na:

Previsão de Tendências: Por meio de algoritmos avançados, a IA analisa padrões históricos e variáveis econômicas para prever movimentos do mercado.

Gestão de Portfólios Personalizados: Robo-advisors, com base em IA, ajustam estratégias de investimento alinhadas com o perfil de risco e objetivos financeiros.

Análise de Risco em Tempo Real: Ferramentas movidas por IA podem identificar riscos e sugerir ajustes para os investidores de forma automatizada e precisa.

Embora a IA ofereça esses avanços, seu uso deve considerar a transparência, responsabilidade e supervisão humana. A dependência exclusiva de IA sem uma análise crítica pode levar a decisões equivocadas ou menos resilientes.

2.2 Big Data: Informações como Ativo Estratégico

O big data se tornou o aliado essencial para prever cenários e oportunidades no mercado financeiro. Ele engloba um vasto volume de dados - redes sociais, notícias, comportamento do consumidor, movimentos econômicos globais e dados históricos - e possibilita uma análise em tempo real para identificar padrões e insights estratégicos.

Com o uso do big data, os investidores têm acesso a:

Informações mais detalhadas sobre a dinâmica dos mercados.

Previsões fundamentadas baseadas em variáveis macroeconômicas e microeconômicas simultâneas.

Estratégias de investimento mais ágeis e adaptativas.

No entanto, a análise com big data deve ser usada com cautela para evitar vieses ou conclusões errôneas baseadas em dados superficiais. A combinação entre inteligência artificial e big data cria um cenário robusto para investidores que dominarem essas ferramentas.

Seção 3: Blockchain e Criptomoedas como Novos Vetores de Investimento

3.1 Blockchain: Mais que uma Moeda Digital

A tecnologia blockchain é frequentemente associada às criptomoedas, mas seu impacto vai muito além. Trata-se de uma tecnologia de registro distribuído, que oferece segurança, transparência e eficiência para transações financeiras. Entre os benefícios do blockchain estão:

Eliminação de Intermediários: Redução de custos ao eliminar a necessidade de um terceiro para validar transações financeiras.

Transações Instantâneas e Seguras: Transferências internacionais e investimentos em ativos são realizados em tempo reduzido.

Transparência e Rastreabilidade: O registro imutável das transações oferece confiança no ambiente financeiro.

Essas características ampliam o uso do blockchain para além das moedas digitais, chegando até ao rastreamento de cadeias de suprimentos, autenticação de produtos e maior eficiência nos mercados tradicionais.

3.2 Criptomoedas e o Potencial Transformador para Investimentos

O surgimento do Bitcoin e das demais criptomoedas criou uma nova classe de ativos no cenário financeiro. Seu principal diferencial é a descentralização e a ausência de controle por uma autoridade central. Isso oferece ao investidor uma alternativa estratégica, especialmente em contextos de instabilidade econômica.

Porém, como qualquer investimento, elas também possuem desafios significativos:

Volatilidade Extrema: Preços podem oscilar drasticamente em períodos curtos.

Riscos Regulatórios: A falta de regulação no mercado das criptomoedas cria incertezas para investidores e governos.

Segurança Digital: A proteção contra fraudes, hacks e perda de chaves privadas é um fator essencial a considerar.

Contudo, os avanços relacionados às stablecoins e ao sistema DeFi (finanças descentralizadas) mostram que as criptomoedas têm um futuro promissor como veículos de investimento menos voláteis e mais acessíveis.

Preparando-se para o Amanhã dos Investimentos

O futuro dos investimentos está sendo moldado por meio de inovações tecnológicas: fintechs, inteligência artificial, big data, blockchain e criptomoedas. O cenário é promissor, mas também demanda preparação, educação financeira contínua e flexibilidade para adaptação às novas ferramentas.

Os investidores devem considerar essas tendências como oportunidades, mas com uma abordagem responsável, estratégica e informada. O aprendizado contínuo e a conscientização sobre as mudanças regulatórias e tecnológicas serão o diferencial competitivo nos investimentos de longo prazo.

Capítulo 25: O Futuro dos Investimentos e Você

Introdução: Antecipando as Tendências Futuras

O mundo está em constante evolução, e com ele, o cenário dos investimentos também se transforma. Novas tecnologias, mudanças sociais e econômicas, bem como desafios ambientais, têm impulsionado os investidores a se prepararem para um futuro repleto de oportunidades e incertezas.

Este capítulo abordará as tendências mais relevantes que moldarão o futuro dos investimentos nos próximos anos. O foco será em como você, como investidor, pode se preparar para esses cenários, tomando decisões estratégicas e antecipando movimentos de mercado.

Compreender as mudanças e estar aberto à inovação será crucial para identificar oportunidades no cenário financeiro dinâmico em que vivemos.

Seção 1: Investimentos em Inteligência Artificial e Tecnologias Disruptivas

1.1 O Impacto da Inteligência Artificial nos Investimentos

A inteligência artificial (IA) e a automação estão remodelando o setor financeiro. Por meio de algoritmos avançados e análises preditivas, a IA oferece insights que eram difíceis de identificar por métodos tradicionais.

Como a IA afeta os investimentos:

Previsão de Tendências e Oportunidades: Ferramentas movidas por IA analisam padrões de mercado e dados históricos para prever tendências futuras, antecipando movimentos no mercado.

Gestão de Riscos em Tempo Real: A IA permite identificar riscos e ajustar estratégias automaticamente, reduzindo a exposição a cenários adversos.

Operações Automatizadas: A automação executa transações com precisão e velocidade superiores às realizadas por humanos, minimizando erros.

As tecnologias disruptivas baseadas em IA estão atraindo a atenção de investidores. Empresas especializadas em soluções de IA e automação oferecem grande potencial, especialmente em setores inovadores, como saúde, finanças, manufatura e transporte.

1.2 Investindo em Empresas e Setores Estratégicos Relacionados à IA

Empresas inovadoras têm liderado a corrida tecnológica movida por IA. Grandes players como Google, Microsoft, e Amazon estão à frente do desenvolvimento tecnológico, enquanto startups oferecem soluções especializadas e oportunidades de crescimento.

Setores estratégicos para investimento incluem:

Saúde com IA: Diagnósticos médicos baseados em IA e a análise de dados para personalização de tratamentos.

Finanças e Previsão de Mercado: Uso de IA para análise de riscos, gestão de portfólio e negociação automatizada.

Indústria 4.0 e Manufatura Inteligente: Aplicação de IA para otimização de cadeias produtivas e processos industriais.

Os investidores podem se beneficiar de ações e fundos focados em empresas inovadoras que lideram essa transformação. No entanto, é vital entender o modelo de negócio e a aplicação prática da IA para evitar investimentos especulativos.

1.3 Desafios Éticos e Regulatórios

Embora a IA apresente um potencial transformador, ela traz desafios éticos e regulatórios críticos. A privacidade de dados, o uso indevido de informações pessoais, o viés algorítmico e os riscos da automação devem ser monitorados de perto.

Aspectos importantes a considerar incluem:

Privacidade e Segurança de Dados: Empresas devem garantir que dados pessoais sejam coletados e utilizados com responsabilidade.

Viés Algoritmo e Discriminação: A IA deve ser monitorada para evitar decisões baseadas em preconceitos históricos ou falhas nos dados.

Regulamentação em Evolução: A supervisão governamental em torno da IA tende a ficar mais rigorosa para proteger consumidores e garantir a ética no uso de tecnologias disruptivas.

Investidores devem considerar esses fatores ao analisar empresas focadas em IA. É essencial buscar transparência, ética e responsabilidade social no uso de IA por parte das empresas.

Seção 2: A Era dos Investimentos Personalizados e Acessíveis

2.1 A Democratização dos Investimentos e o Papel das Plataformas Digitais

O avanço da tecnologia e a popularização das plataformas digitais têm democratizado o acesso ao mercado financeiro. O surgimento de ferramentas como corretoras online e plataformas de negociação têm permitido a qualquer investidor, independentemente de sua experiência ou capital inicial, participar do mercado financeiro.

Principais tendências:

Abertura de Contas Simplificada: Investidores podem abrir contas de investimento com poucos cliques e iniciar suas estratégias rapidamente.

Variedade de Ativos à Disposição: De ações a ETFs e criptomoedas, a diversificação de investimentos é mais acessível do que nunca.

Ferramentas em Tempo Real: Gráficos, análises, relatórios de mercado e outros recursos permitem decisões bem-informadas.

Essas plataformas também oferecem custos reduzidos e a possibilidade de aplicar estratégias personalizadas, facilitando a alocação de ativos conforme o perfil e objetivo individual de cada investidor.

2.2 Estratégias de Investimento Personalizadas e Gestão Individualizada de Portfólios

Os investidores têm agora maior liberdade para adaptar suas carteiras a seus objetivos individuais. Seja através de robo-advisors ou análises detalhadas de risco, as estratégias personalizadas permitem otimizar a relação entre risco e retorno conforme as preferências individuais.

Exemplo prático:

Investidores conservadores tendem a alocar mais recursos em renda fixa.

Investidores agressivos podem direcionar mais capital para ativos de maior volatilidade, como ações e ETFs específicos.

Além disso, ferramentas de análise de portfólio têm ajudado a identificar deficiências nas estratégias, possibilitando ajustes e otimizações em tempo real.

2.3 Ferramentas Digitais para Investimentos Estratégicos

Com a abundância de recursos tecnológicos, os investidores podem usar ferramentas avançadas para aprimorar suas abordagens financeiras. Ferramentas incluem:

Softwares de Análise de Investimentos: Avaliam desempenho, identificam oportunidades e sugerem ajustes estratégicos.

Plataformas com Dados em Tempo Real: Informações instantâneas permitem antecipar movimentos de mercado.

O uso consciente dessas ferramentas, aliado ao conhecimento financeiro, pode potencializar a gestão de investimentos.

Capítulo 26: Mantendo-se Atualizado e Adaptável no Mundo dos Investimentos

Introdução: A Necessidade de Atualização Constante

No cenário dinâmico do mercado financeiro, a mudança é uma constante que define o sucesso dos investidores. Permanecer atualizado e adaptar-se rapidamente às novas tendências e ferramentas pode transformar a abordagem de qualquer investidor. O conhecimento é um recurso competitivo — aqueles que buscam se manter informados têm maior capacidade de identificar oportunidades, ajustar estratégias e enfrentar a volatilidade do mercado.

Neste capítulo, exploraremos estratégias práticas e inovadoras para se manter em sintonia com o mercado financeiro, adotando uma mentalidade ágil e flexível. Desde a educação financeira contínua até a utilização de tecnologias avançadas e o acompanhamento de mudanças regulatórias, abordaremos os recursos essenciais para investir com confiança e preparação.

Vamos entender como criar hábitos de aprendizado, usar as ferramentas tecnológicas disponíveis e monitorar as mudanças econômicas e políticas para construir uma vantagem competitiva sustentável no longo prazo. Vamos começar!

Seção 1: Aprendendo Continuamente para Investir Melhor

O mundo financeiro exige que você seja um aprendiz constante. O conhecimento não é estático e a capacidade de absorver novas informações torna-se um diferencial competitivo no mercado. Esta seção abordará como a educação contínua e o desenvolvimento de habilidades podem ser recursos valiosos para o crescimento no campo dos investimentos.

1.1 O Papel da Educação Contínua no Mercado Financeiro

A educação financeira não deve ser encarada como um objetivo a ser alcançado uma única vez. Pelo contrário, ela deve ser um hábito diário para um investidor atento. Os mercados estão sempre em evolução: novas tecnologias, políticas econômicas e inovações financeiras surgem regularmente, exigindo que você esteja preparado.

Por que investir no aprendizado? Estar atualizado sobre temas como análise técnica, gestão de riscos, investimento em ações e tendências econômicas proporciona confiança para tomar decisões. Estratégias bem-informadas aumentam as chances de sucesso no longo prazo.

Desenvolvendo Habilidades Específicas:
Investidores com sucesso geralmente aprimoram suas habilidades através de práticas específicas, como análises quantitativas ou estratégias avançadas de hedge. O estudo constante evita estagnação e prepara você para cenários futuros.

1.2 Plataformas e Ferramentas para Aprendizado Contínuo

A boa notícia é que hoje há uma diversidade de recursos acessíveis para quem deseja estudar. Conhecer as melhores ferramentas e recursos é essencial:

Livros de Investimentos:
Textos como "Narrative and Numbers", "The Warren Buffett Portfolio" e "Value Investing from Graham to Buffett and Beyond" fornecem insights estratégicos sobre análise financeira e tomada de decisão.

Plataformas de Ensino Online:
Cursos online de plataformas como Coursera, Udemy e LinkedIn Learning oferecem conteúdos atualizados e práticos. Esses cursos permitem aprendizado no seu próprio ritmo.

Podcasts e Webinars:
Conteúdos em áudio e vídeo têm se tornado ferramentas eficazes para quem busca flexibilidade e aprendizado contínuo, especialmente através de experiências compartilhadas por especialistas.

1.3 Participação em Comunidades e Eventos no Mercado Financeiro

Os eventos e as redes de contato são um ativo fundamental para qualquer investidor. Comunidades permitem a troca de experiências e a criação de conexões com outros profissionais da área.

Conferências e Feiras do Setor:
Esses eventos frequentemente contam com palestras de especialistas renomados, atualizando os participantes sobre as últimas tendências e práticas do mercado.

Grupos de Investimento:
Participar de fóruns e redes de investidores permite feedback direto, insights diversos e a criação de parcerias estratégicas.

Investir tempo em aprendizado e networking proporciona uma base sólida para permanecer atualizado em um cenário tão dinâmico como o dos investimentos.

Seção 2: Acompanhando as Tendências e Inovações no Mercado

Além do aprendizado contínuo, monitorar mudanças e inovações no cenário econômico é vital para ajustar estratégias. O ambiente financeiro é moldado por fatores políticos, econômicos, tecnológicos e sociais, e é essencial estar atento às mudanças para antecipar-se às oportunidades.

2.1 Acompanhando Mudanças Políticas e Regulatórias

Mudanças em políticas fiscais, regulamentações ambientais ou acordos comerciais têm o poder de afetar mercados inteiros. Portanto, é essencial:

Estar informado através de relatórios especializados. Plataformas como Bloomberg, Reuters e relatórios da Organização para Cooperação e Desenvolvimento Econômico (OCDE) são recursos valiosos.

Observar eventos políticos relevantes: Eleições, tensões comerciais internacionais ou políticas monetárias podem influenciar significativamente os mercados.

Manter-se atualizado em relação a esses fatores permite ajustar suas estratégias de forma preventiva.

2.2 Explorando Novas Oportunidades com Base em Tendências Emergentes

O mercado financeiro responde às inovações e mudanças no comportamento do consumidor e nas tecnologias disponíveis. Algumas tendências atuais incluem:

Digitalização e Inteligência Artificial (IA): Setores como fintechs, e-commerce e IA estão redefinindo oportunidades no mercado financeiro. Investidores atentos identificam essas tendências em suas fases iniciais para se beneficiar do potencial de crescimento.

Transição Energética e Sustentabilidade: Com a crescente demanda por soluções sustentáveis, empresas focadas em energias renováveis e práticas sustentáveis têm se destacado.

Criptomoedas e Blockchain: O surgimento das moedas digitais trouxe novas possibilidades e riscos. A análise desses ativos demanda atenção constante.

Analisar essas mudanças e ajustar-se a elas pode garantir vantagens competitivas no longo prazo.

2.3 Ferramentas Tecnológicas como Aliadas Estratégicas

A tecnologia é um recurso indispensável no cenário financeiro moderno. O uso de ferramentas e tecnologias pode melhorar a precisão, a eficiência e o tempo de resposta ao mercado:

Softwares de Análise de Dados: Ferramentas como Excel avançado, plataformas de análise como TradingView e softwares de análise técnica possibilitam insights estratégicos.

Uso de IA e Algoritmos: Algoritmos e soluções baseadas em inteligência artificial têm a capacidade de identificar padrões e prever cenários com alta precisão. Isso reduz o viés emocional e aprimora decisões.

No entanto, é importante usar essas tecnologias como complementos ao conhecimento prático, mantendo sempre o equilíbrio entre análise humana e tecnológica.

Conclusão: Preparando-se para o Futuro com Confiança

Manter-se atualizado no mundo dos investimentos exige um compromisso constante com o aprendizado, a adaptação e a busca por novas informações. Isso inclui a exploração de novas oportunidades, o uso de tecnologias avançadas e o acompanhamento de políticas e tendências no cenário econômico.

Ao aplicar essas estratégias, você estará mais preparado para lidar com a incerteza, identificar oportunidades e enfrentar a volatilidade do mercado financeiro com confiança. A capacidade de se ajustar às mudanças é a marca dos investidores bem-sucedidos.

Esteja sempre aberto a aprender, ajustar-se e inovar. O futuro dos investimentos é dinâmico e exige que você abrace a mudança como uma constante aliada.

Capítulo 27: Investindo em um Mundo em Mudança

Introdução: O Impacto das Transformações Globais nos Investimentos

Vivemos em uma era de mudanças rápidas e disruptivas, impulsionadas por fatores econômicos, tecnológicos e sociais. O cenário global está se transformando, influenciando diretamente o ambiente de investimentos e exigindo uma análise constante por parte dos investidores.

O mundo do investimento em um ambiente global em constante evolução exige atenção às mudanças no poder econômico, no avanço da tecnologia e na adaptação das preferências sociais. Esses fatores abrem portas para novas oportunidades, mas também trazem desafios importantes, como incertezas políticas, riscos financeiros e volatilidade de mercado.

Neste capítulo, exploraremos os principais fatores que moldam essas transformações — os avanços tecnológicos, as mudanças econômicas e os movimentos sociais — além das estratégias mais eficazes para identificar oportunidades e mitigar riscos em um cenário tão dinâmico.

Seção 1: Investimentos em Tecnologia e Inovação

1.1 Identificando Tendências Tecnológicas para o Futuro

A inovação tecnológica é um dos pilares que está transformando o cenário de investimentos globais. Ferramentas como inteligência artificial, blockchain, internet das coisas, computação em nuvem e aprendizado de máquina redefinem não apenas como as empresas operam, mas também como investidores podem identificar novas oportunidades de crescimento.

Exemplo relevante: A inteligência artificial, que está sendo aplicada em diversos setores como saúde, finanças e manufatura, oferece insights aprimorados e maior automação, tornando-se uma tendência estratégica.

Investir em empresas pioneiras nessas áreas permite acesso a retornos significativos e alinhamento com os avanços da inovação.

1.2 Explorando Setores com Potencial de Alto Retorno

Alguns setores são mais promissores devido ao seu papel na inovação e adaptação tecnológica, como:

Tecnologia de saúde: Investimentos em telemedicina e dispositivos médicos avançados têm mostrado crescimento acelerado.

Energias renováveis: A transição para práticas sustentáveis está promovendo um ambiente favorável para investimento nesse setor.

Realidade virtual/aumentada e blockchain: Estas tecnologias têm o potencial de transformar indústrias inteiras.

Os investidores devem buscar empresas com forte estratégia de mercado, liderança competente e inovação disruptiva para maximizar os lucros.

1.3 Riscos e Oportunidades no Mercado de Start-ups e Tecnologia

Embora investimentos em inovação e tecnologia sejam altamente promissores, eles também apresentam riscos consideráveis:

Riscos: Instabilidade, competição no setor e incerteza quanto ao sucesso de novas tecnologias.

Oportunidades: Retornos potencialmente maiores ao investir em start-ups que apresentam soluções inovadoras e escaláveis.

Diversificar investimentos entre empresas consolidadas e start-ups pode oferecer equilíbrio entre crescimento acelerado e estabilidade no longo prazo.

Aspectos Éticos e Sociais no Mercado Tecnológico

Além dos fatores econômicos, a ética está se tornando uma parte vital da análise de investimentos. Os temas sociais e ambientais, como privacidade de dados e responsabilidade social corporativa, precisam ser considerados para identificar investimentos alinhados a valores modernos e sustentáveis.

Investimentos em empresas de energia renovável ou que promovem práticas de governança transparente têm impacto não apenas financeiro, mas social e ambiental positivo, contribuindo para uma economia global responsável.

Regulação e Impactos Governamentais

Os avanços tecnológicos frequentemente enfrentam regulamentações governamentais e políticas fiscais. Aspectos como privacidade de dados, políticas de proteção ambiental e mudanças nas normas legais afetam a operação e a viabilidade financeira de empresas no setor tecnológico.

Portanto, a análise regulatória é essencial para antecipar riscos e alinhar investimentos a cenários de longo prazo.

Seção 2: Investimentos Sustentáveis e Responsáveis

2.1 O Que São Investimentos Sustentáveis e Por Que São Importantes?

Os investimentos sustentáveis vão além da busca por lucro. Eles consideram fatores sociais e ambientais, garantindo que o investimento esteja alinhado com práticas responsáveis e duradouras.

Os principais aspectos incluem:

Gestão de recursos naturais.

Redução de emissões de carbono.

Práticas de diversidade e inclusão no ambiente corporativo.

Respeito aos direitos humanos e trabalhistas.

Os investidores têm a oportunidade de moldar um futuro mais equilibrado, alocando recursos em práticas e empresas socialmente responsáveis.

2.2 Analisando Fundos e Empresas com Critérios ESG

Os critérios ESG (Environmental, Social and Governance — Ambiental, Social e Governança) são ferramentas-chave para a análise de investimentos responsáveis:

Ambiental: Como uma empresa lida com recursos naturais e impacto ambiental.

Social: Igualdade de gênero, qualidade no ambiente de trabalho e inclusão social.

Governança: Ética, transparência, independência dos conselhos e práticas de gestão.

Diversos índices e agências de classificação oferecem informações detalhadas para ajudar investidores a tomar decisões fundamentadas.

2.3 O Impacto Positivo dos Investimentos Sustentáveis

Além de retornos financeiros sólidos, esses investimentos têm o potencial de causar transformações sociais e ambientais positivas. Exemplos incluem:

Investimentos em tecnologias limpas e eficiência energética.

Apoio a práticas agrícolas sustentáveis.

Financiamento de setores como educação, saúde e energias renováveis.

Os investimentos sustentáveis representam não apenas oportunidades financeiras, mas uma chance de construir um futuro equitativo e resiliente.

Seção 3: Investindo em Mercados Emergentes e Fronteiras

3.1 Oportunidades em Economias em Crescimento

Os mercados emergentes e fronteiras representam oportunidades estratégicas para investidores que desejam retorno acelerado:

Economias como Índia, África do Sul e partes da Ásia têm demonstrado crescimento robusto devido ao desenvolvimento tecnológico e demográfico.

Exemplo: Investir em uma farmacêutica inovadora em uma economia emergente pode significar tanto um retorno financeiro alto quanto um impacto social positivo.

Essas regiões, com suas economias dinâmicas, oferecem vantagens estratégicas para o investidor com visão de longo prazo.

3.2 Riscos e Estratégias para Mitigação

Embora promissores, os mercados emergentes enfrentam riscos como instabilidade política, flutuações cambiais e recessões econômicas. Estratégias recomendadas incluem:

Diversificação entre várias regiões.

Realizar análises econômicas detalhadas para entender fatores externos e internos.

Utilizar instrumentos financeiros globais, como ETFs, para mitigar riscos.

3.3 Estratégias de Diversificação com Investimentos Globais

Diversificar seu portfólio é uma abordagem inteligente. Integrar investimentos em mercados emergentes e desenvolvidos oferece tanto potencial de crescimento quanto estabilidade no longo prazo.

Fundos globais e ETFs são ferramentas eficientes para quem busca exposição ampla e diversificada.

Capítulo 28: Um Futuro Financeiro Sustentável

Introdução: Investimentos com Impacto Positivo

Investir com responsabilidade social e ambiental é mais do que uma tendência: é uma abordagem estratégica para construir segurança financeira e contribuir para o bem-estar global. Os investimentos com impacto positivo buscam não apenas retornos financeiros, mas também promover melhorias sociais, ambientais e de governança no longo prazo.

Ao adotar essa prática, você ajuda a criar um futuro financeiro equilibrado e alinhado aos valores éticos e sustentáveis, aproveitando tendências inovadoras e alinhando suas escolhas financeiras com soluções para problemas globais, como mudanças climáticas e desigualdade social.

Os critérios ESG (Ambiental, Social e Governança) representam uma abordagem para selecionar empresas e investimentos que priorizam práticas responsáveis. Empresas alinhadas aos critérios ESG costumam ter maior sustentabilidade, menos riscos no longo prazo e mais eficiência no gerenciamento de recursos naturais, práticas éticas e compromisso com a diversidade.

Ao investir em setores como energias renováveis, saúde, educação e agricultura sustentável, você não apenas contribui para soluções inovadoras, mas também acessa oportunidades financeiras relevantes no mercado global.

Seção 1: Investimentos Sustentáveis

Investir de forma sustentável envolve muito mais do que apenas seguir boas intenções. É uma prática estratégica, onde os recursos financeiros se alinham a setores e empresas que promovem impacto social positivo sem abrir mão de resultados sólidos.

1.1 Opções de Investimento Sustentável

Algumas abordagens incluem:

Setores estratégicos, como energias renováveis, eficiência energética, agricultura sustentável e tecnologias limpas.

Fundos de investimento ESG, que incluem diversas empresas comprometidas com responsabilidade social, governança ética e práticas ambientais inovadoras.

Investimentos em tecnologia limpa e mobilidade urbana para mitigar o impacto ambiental.

Essas opções não apenas combatem desafios globais, mas também permitem diversificar portfólios e mitigar riscos através da inovação.

1.2 Avaliação do Impacto Social e Desempenho Financeiro

Ao considerar um investimento sustentável, é essencial equilibrar análise financeira e social:

Desempenho financeiro: Verifique os indicadores-chave das empresas, como rentabilidade, histórico de fluxo de caixa e saúde financeira.

Impacto social: Analise práticas como combate ao desperdício, gestão de resíduos, equidade salarial, programas de inclusão e parcerias comunitárias.

Um investimento bem-sucedido não considera apenas retornos financeiros, mas também cria mudanças positivas mensuráveis no longo prazo.

Seção 2: Filantropia e Investimento de Impacto

2.1 Recursos financeiros para causas sociais e ambientais

Filantropia tradicional envolve o apoio direto a causas sociais através de doações para ONGs, projetos e iniciativas comunitárias. O investimento de impacto, por sua vez, é uma abordagem estratégica que busca retorno financeiro aliado a impactos sociais e ambientais positivos mensuráveis.

Exemplos incluem:

Investimentos em educação e saúde em regiões carentes.

Empresas sociais focadas em inovação para resolver desafios globais, como moradia ou inclusão financeira.

2.2 Como equilibrar retorno financeiro com impacto social

A chave para o sucesso está na análise: encontrar investimentos que ofereçam retornos sólidos e que, simultaneamente, tenham impacto positivo. Estratégias incluem:

Fundos de caridade e investimentos sociais, como fundos que promovem o desenvolvimento sustentável ou financiamento em microfinanças, que aumentam o acesso ao crédito para populações carentes.

Ao considerar esses fatores, você maximiza o poder do seu capital para construir um futuro próspero, tanto para si quanto para a sociedade.

Seção 3: Planejamento de um Legado Financeiro

Preservar e transferir riqueza exige planejamento estratégico para garantir que suas decisões financeiras reflitam seus valores e beneficiem as próximas gerações.

3.1 Estratégias para preservar patrimônio

Algumas estratégias incluem:

Fundo fiduciário familiar: Estruturas legais para proteger e distribuir recursos às futuras gerações.

Testamentos claros: Planejamento jurídico que evita disputas entre herdeiros e assegura a utilização responsável dos recursos.

Trusts para caridade e investimento social: Possibilitam a doação estruturada, com o controle adequado do capital e continuidade nos investimentos sociais.

3.2 Doações e planejamento tributário

A implementação de estratégias tributárias é essencial para otimizar o uso dos recursos no longo prazo, minimizando encargos fiscais e maximizando o impacto. Os modelos incluem:

Doações diretas para ONGs e causas específicas.

Benefícios fiscais associados ao financiamento sustentável através de doações planejadas.

Caso prático: A Fundação Ford é um exemplo inspirador, demonstrando como planejamento sucessório pode garantir um impacto positivo duradouro em saúde, educação e direitos humanos por meio da filantropia estratégica.

Conclusão

Este capítulo apresentou caminhos para você criar um futuro financeiro sustentável por meio de investimentos responsáveis, filantropia estratégica e planejamento financeiro inteligente. Os conceitos-chave abordados incluem:

Adotar investimentos baseados em ESG e sustentáveis para combater problemas globais.

Explorar o impacto social através da filantropia e do investimento de impacto, com foco em resultados financeiros e sociais.

Planejar e construir um legado financeiro, utilizando estruturas legais como fundos fiduciários e trusts de caridade para transferir riqueza de forma sustentável.

Integrando esses princípios em sua jornada financeira, você transforma seu planejamento em uma prática que gera impacto positivo e sustentabilidade para as próximas gerações. Ao investir de forma consciente, você garante um futuro próspero para si e para o planeta.

Capítulo 29: Além da Bolsa de Valores: Outras Formas de Investimento

Introdução: Diversificando seu Portfólio de Investimentos

O mercado financeiro oferece diversas opções para investidores que buscam maior segurança e retornos consistentes. Embora a bolsa de valores seja amplamente conhecida, investir apenas nesse mercado pode ser arriscado devido à sua volatilidade. Portanto, a diversificação é fundamental para equilibrar riscos e oportunidades.

Investir em classes de ativos diferentes permite a proteção contra eventos inesperados no mercado acionário e maximiza as chances de retorno ao longo do tempo. Neste capítulo, exploraremos alternativas como o mercado imobiliário, startups, commodities, metais preciosos, investimentos alternativos e criptomoedas para expandir suas possibilidades de investimento.

Seção 1: Investimentos Imobiliários

1.1 Explorando o Mercado Imobiliário como uma Estratégia de Diversificação

O investimento no setor imobiliário continua sendo uma estratégia consolidada para investidores que buscam segurança, fluxo de caixa ou valorização de longo prazo. Os imóveis residenciais e comerciais têm benefícios distintos:

Imóveis residenciais: Geram aluguéis estáveis com menor exposição a flutuações bruscas no mercado.

Imóveis comerciais: Oferecem maior potencial de retorno, mas exigem análises mais profundas devido a cenários econômicos e demanda.

1.2 Alternativas no Mercado Imobiliário

O mercado imobiliário oferece várias formas de investimento:

Compra direta de imóveis: Residenciais ou comerciais com objetivo de aluguel ou venda futura.

Fundos Imobiliários (FIIs): Fundos que reúnem investimentos em imóveis diversificados e oferecem liquidez no mercado financeiro.

REITs (Real Estate Investment Trusts): Instrumentos internacionais com similaridade aos FIIs, permitindo acesso a imóveis em diferentes países.

Essas alternativas oferecem liquidez, proteção contra a inflação e diversificação, porém demandam pesquisa minuciosa para identificar localização estratégica e tendências de mercado.

1.3 Estratégias e Gestão de Riscos

Ao investir em imóveis, algumas estratégias podem maximizar os resultados:

Análise de localização: Regiões com desenvolvimento econômico e infraestrutura tendem a apresentar valorização.

Gestão de custos: É essencial considerar despesas como manutenção, impostos e taxas administrativas.

Aluguéis estratégicos: Aluguel por temporada ou contratos longos podem proporcionar fluxo de caixa constante.

Exemplo prático: Um investidor avalia um bairro em expansão para aquisição de um imóvel residencial, visando aluguéis mensais e valorização no longo prazo. Após análise de dados econômicos e demográficos, o investimento resulta em ganhos tanto pela valorização quanto pela renda gerada pelo aluguel.

Seção 2: Investimentos em Empreendedorismo

2.1 O Potencial Transformador das Startups

Investir em startups é uma abordagem inovadora para aqueles que procuram diversificação e alto retorno. Startups frequentemente oferecem soluções disruptivas e têm o potencial de crescimento acelerado, especialmente em setores tecnológicos e criativos.

Os investidores podem acessar essas oportunidades através de:

Crowdfunding: Diversos investidores contribuem para o desenvolvimento da empresa.

Investimento-anjo: Investidores individuais financiam startups em estágio inicial em troca de participação.

Venture Capital: Fundos especializados financiam startups com grande potencial de crescimento.

2.2 Análise de Riscos e Oportunidades no Setor

O investimento em startups é altamente volátil. Alguns fatores críticos para considerar incluem:

Modelo de negócio e escalabilidade: O potencial de crescimento depende da capacidade de escalar operações.

Equipe de gestão: Startups bem-sucedidas geralmente têm equipes preparadas e focadas.

Condições econômicas e cenário competitivo: O mercado deve ser analisado constantemente para identificar ameaças e oportunidades.

Caso de sucesso: Um investidor avalia uma startup de tecnologia e, após análise rigorosa do mercado e do modelo de negócio, decide se tornar um investidor-anjo. Com isso, ele não apenas obtém retorno financeiro quando a empresa se tornou uma referência no setor, mas também contribuiu para seu crescimento por meio de orientação estratégica.

Seção 3: Investimentos Alternativos

3.1 O Que São Investimentos Alternativos?

Os investimentos alternativos incluem ativos que fogem dos investimentos tradicionais, como ações e títulos públicos, oferecendo diversificação. Alguns exemplos incluem:

Commodities: Recursos naturais como petróleo, ouro e gás natural.

Metais Preciosos: Ouro, prata e platina são considerados ativos seguros em momentos de incerteza.

Criptomoedas: Ativos digitais, como Bitcoin e Ethereum, com grande volatilidade, mas também oportunidades significativas.

3.2 Volatilidade e Riscos

Cada classe possui suas características próprias de volatilidade:

Commodities: Influenciadas por variáveis como oferta, demanda, tensões políticas e eventos climáticos.

Metais preciosos: São seguros em cenários de inflação, mas sua volatilidade exige monitoramento constante.

Criptomoedas: Extremamente voláteis e sensíveis a fatores como regulação, inovação tecnológica e segurança digital.

3.3 Estratégias para Diversificar com Investimentos Alternativos

Diversificar um portfólio com esses investimentos deve considerar:

Perfil de risco do investidor: O nível de tolerância ao risco influencia a alocação entre ativos alternativos.

Acompanhamento regular: A volatilidade exige conhecimento atualizado para gerenciar riscos.

Gestão estratégica através de hedge: Proteção através de contratos futuros e outros instrumentos financeiros.

Capítulo 30: Rumo à Independência Financeira

Introdução: O Caminho para a Independência Financeira

Buscar a independência financeira é um objetivo que transcende apenas números e investimentos. É uma jornada de autoconhecimento, planejamento e ações estratégicas que proporcionam a liberdade de viver sem a pressão constante da instabilidade financeira.

A independência financeira ocorre quando suas rendas passivas se tornam suficientes para cobrir suas despesas, oferecendo segurança e tranquilidade. Ao conquistar esse objetivo, você ganha a liberdade de direcionar seu tempo para o que realmente importa: lazer, família, desenvolvimento pessoal ou novas empreitadas.

Embora desafiador, o caminho para a independência financeira é possível por meio de investimentos inteligentes, planejamento estratégico e disciplina.

Seção 1: Definindo seu Próprio Caminho

1.1 Avaliando seus objetivos financeiros

Antes de dar o primeiro passo, pergunte-se:

O que significa independência financeira para você?

Poder deixar um trabalho desgastante?

Viajar sem preocupações financeiras?

Investir no seu desenvolvimento pessoal sem pressões monetárias?

A clareza de seus objetivos é crucial. Ao definir metas específicas, como quantias financeiras ou prazos, você cria um roteiro para seu progresso. Utilize números e prazos como guias, por exemplo: "Quero acumular X reais em 10 anos", tornando o objetivo claro e tangível.

1.2 Planeje sua Estratégia: Estabelecendo Marcos de Progresso

Com objetivos claros, crie um planejamento financeiro que utilize instrumentos estratégicos, como:

Investimentos diversificados alinhados ao seu perfil de risco.

Estratégias de poupança periódica.

Defina marcos intermediários para medir seu progresso:

Meta 1: Aumentar sua taxa de poupança para 20% da sua receita em seis meses.

Meta 2: Atingir determinado valor investido no mercado financeiro.

Essas metas funcionam como marcos motivacionais e ajudam você a ajustar suas ações conforme necessário.

1.3 Ajustando sua Estratégia no Progresso da Jornada

Conforme você se aproxima da independência financeira, ajuste suas estratégias:

Atenção ao perfil de risco: Menos riscos devem ser priorizados para proteger os recursos acumulados.

Investimentos de estabilidade: Prefira ativos como renda fixa, dividendos e títulos estáveis.

Dica: Diversifique sempre para mitigar riscos e aproveitar oportunidades.

Seção 2: Gerando Renda Passiva e Aproveitando Oportunidades

2.1 Explorando Diferentes Fontes de Renda Passiva

A renda passiva é uma peça-chave para quem busca a independência financeira, pois possibilita a geração de fluxo sem esforço constante. Veja exemplos:

Dividendos de ações: Empresas bem estabelecidas pagam dividendos regulares, criando um fluxo de caixa previsível.

Aluguéis imobiliários: Seja residencial ou comercial, o aluguel de imóveis é uma fonte tradicional de renda passiva.

Royalties e direitos autorais: Se você tiver propriedade intelectual ou participações criativas, os royalties são uma opção viável.

Essas fontes permitem equilibrar seu fluxo financeiro e fornecer segurança em longo prazo.

2.2 Identificando Oportunidades Estratégicas

Procure investimento em setores inovadores e tendências emergentes, tais como:

Startups com potencial de crescimento acelerado.

Fundos imobiliários e alternativas no mercado global.

Considere o uso de plataformas de crowdfunding ou investimento coletivo para potencializar ganhos e diversificar riscos.

2.3 Estratégias de Reinvestimento para Maximizar Retornos

Gerar renda passiva é um excelente passo. No entanto, reinvestir esses ganhos é o que realmente impulsiona seu progresso. Estratégias incluem:

Reinvestir dividendos para crescimento composto.

Utilizar aluguéis para adquirir novos ativos imobiliários.

Explorar opções fiscais que aumentem seu retorno.

O Futuro da Sua Jornada Financeira

Revisando as lições do livro:

A independência financeira vai além do acúmulo de recursos. É um estado mental e estratégico.

Cada marcos atingido deve ser celebrado como uma vitória. No entanto, o aprendizado contínuo é o verdadeiro diferencial.

Mantenha foco em:

Educação financeira.

Planejamento contínuo.

Adaptação às mudanças no mercado.

O sucesso é construído através de disciplina, conhecimento e estratégias conscientes.

Capítulo 31: Alcançando a Liberdade Financeira

Introdução: O Conceito de Liberdade Financeira

Alcançar a liberdade financeira é um objetivo que envolve muito mais do que apenas ganhar dinheiro ou acumular investimentos. É um estilo de vida onde você possui controle total sobre suas decisões financeiras, permitindo que tome decisões com base em seus próprios objetivos e valores.

Neste capítulo, exploraremos o significado profundo desse conceito, seus benefícios e as estratégias práticas para conquistá-la. Vamos discutir ferramentas, planejamentos e abordagens para transformar seus recursos financeiros em liberdade, propósito e realização pessoal.

Seção 1: Compreendendo o Significado da Liberdade Financeira

1.1 O que significa realmente ter liberdade financeira?

A liberdade financeira transcende a simples ideia de ganhar o suficiente para cobrir despesas. Significa:

Ter controle emocional e prático sobre seus gastos.

Conseguir realizar decisões sem estar preso a restrições financeiras.

Viver com autonomia, escolhendo como usar seu tempo, sem dependências financeiras.

Por exemplo, ao se sentir livre financeiramente, você pode decidir se mudar para outra cidade, se aposentar precocemente ou investir em um projeto pessoal sem preocupações.

1.2 O impacto emocional da liberdade financeira

Muitas pessoas não percebem que alcançar a liberdade financeira impacta diretamente seu bem-estar emocional.
Os principais benefícios incluem:

Redução de estresse financeiro. O dinheiro passa a ser uma ferramenta, não um fado.

Maior controle sobre suas escolhas. Você pode se concentrar em seus objetivos pessoais e profissionais sem limitações constantes.

Maior tempo para focar em família, lazer e autoconhecimento.

Essa mudança de perspectiva cria uma relação saudável e positiva com o dinheiro.

Seção 2: Construindo Sua Base Financeira para Alcançar a Liberdade

2.1 Criando hábitos financeiros essenciais

Antes de avançar, é necessário organizar sua estrutura financeira com hábitos sólidos:

Planejamento: Organize-se com orçamentos claros para identificar onde seu dinheiro está sendo gasto.

Economia e poupança: Comece economizando uma porcentagem fixa de sua receita regularmente.

Gestão de dívidas: Elimine dívidas com foco e estratégias, reduzindo custos com juros.

Cada um desses hábitos é a base para sua jornada rumo à liberdade financeira.

2.2 Estruturação de reservas financeiras

A reserva de emergência é um dos pilares essenciais para a estabilidade financeira. Ela garante:

Proteção contra imprevistos como perda de emprego ou doença.

Uma sensação de segurança para buscar investimentos e novos projetos sem receios.

Dica Prática: Mantenha entre 3 a 6 meses de despesas fixas em uma conta de fácil acesso.

Seção 3: Estratégias de Investimentos e Planejamento

3.1 Investindo de maneira inteligente

O investimento é essencial para transformar patrimônio em ativos que geram rendas passivas.

Estratégias eficazes incluem:

Diversificação: Invista em ações, imóveis, renda fixa, títulos e ativos alternativos.

Consistência nos investimentos: Reinvestindo regularmente, você aproveita o efeito do crescimento composto.

Adaptação ao perfil de risco: Seu perfil influencia onde investir e como ajustar sua carteira.

Investimentos bem planejados aumentam seu patrimônio de maneira sustentável.

3.2 Planejando suas metas financeiras

Definir metas claras é essencial. Metas funcionais incluem:

Curto Prazo: Quitar dívidas ou fazer um fundo inicial para investimentos.

Médio Prazo: Comprar um imóvel ou aumentar suas reservas financeiras.

Longo Prazo: Investimentos em aposentadoria ou objetivos maiores.

As metas devem ser específicas, mensuráveis e alinhadas a uma estratégia de execução realista.

Seção 4: Gerenciando Riscos e Protegendo seu Patrimônio

4.1 Proteja seus ativos de forma estratégica

É importante proteger seu patrimônio contra imprevistos financeiros, como impostos e riscos econômicos. Estratégias incluem:

Diversificação de investimentos para evitar que um único cenário negativo impacte seu capital.

Seguro adequado: Avalie seguros de vida, saúde, propriedade e responsabilidade para minimizar riscos financeiros.

Estruturas legais eficientes: Explore opções como holdings ou trusts para proteger bens e otimizar a gestão tributária.

Ter múltiplas camadas de proteção é a chave para segurança financeira.

4.2 Busque apoio profissional

Contar com o apoio de consultores financeiros especializados pode ser um diferencial. Esses profissionais oferecem:

Estratégias personalizadas baseadas em análises profissionais.

Orientação para minimizar riscos e maximizar ganhos.

Acompanhamento constante para ajustar planos diante de mudanças econômicas.

A inclusão desses profissionais em seu planejamento financeiro aumenta suas chances de sucesso.

Capítulo 32: Construindo um Legado Financeiro

Introdução: A Importância do Legado Financeiro

Deixar um legado financeiro significa muito mais do que acumular bens materiais para as próximas gerações. É a prática de construir uma herança que transcende a acumulação, envolvendo valores, propósito, educação e impacto social duradouro. O legado financeiro pode ser um presente valioso para as gerações futuras e uma maneira de promover mudanças positivas no mundo por meio de investimentos, doações e planejamento estratégico.

Esse conceito inclui não apenas transferir ativos, mas também inspirar e educar as próximas gerações sobre gestão financeira, responsabilidade social e propósito financeiro.

Seção 1: Planejamento Patrimonial e Sucessório

1.1 Por que Planejamento Patrimonial é Essencial?

O planejamento patrimonial garante que seus ativos sejam transmitidos conforme sua visão, protegendo a família contra conflitos e riscos financeiros no futuro.

Exemplo Real:

João, um empresário com um portfólio diversificado de imóveis, percebeu que sem um plano sucessório, seus bens poderiam ser mal distribuídos entre herdeiros, gerando conflitos familiares. Por isso, estruturou um plano com o apoio de profissionais especializados.

Pontos-chave:

Proteção dos bens e continuidade dos negócios familiares.

Prevenção de disputas familiares e imprevistos.

Evitar a diluição do patrimônio ao longo do tempo.

1.2 Estratégias para Reduzir Impostos e Proteger Ativos

Estratégias legais ajudam a preservar seu patrimônio e a garantir a transferência eficiente para herdeiros.

Exemplo Aplicado:

Maria, investidora experiente, optou pela criação de um trust familiar para proteger seus investimentos e minimizar impostos. Além disso, estruturou investimentos em fundos fiscais para otimizar seus recursos.

Ferramentas Estratégicas:

Trusts Familiares: Protegem ativos e facilitam a transferência de bens.

Fundos de longo prazo: Estratégias financeiras com benefícios fiscais.

1.3 Formando uma Estratégia de Sucessão Eficaz

Garantir que a próxima geração continue seu legado envolve mais do que transferir ativos. É preciso estabelecer práticas de governança e planejamento sucessório.

Exemplo Inspirador:

Pedro, à frente de uma empresa familiar, implementou um conselho de administração, garantindo que a sucessão fosse feita de forma estruturada e alinhada ao crescimento sustentável da empresa.

Estratégias-chave:

Nomeação de sucessores qualificados.

Planejamento tributário para evitar impactos fiscais.

Governança familiar para assegurar continuidade no longo prazo.

Seção 2: Investindo no Futuro das Próximas Gerações

2.1 Identificando Oportunidades de Investimento Sustentável

Os investimentos sustentáveis não apenas protejam o futuro financeiro, mas também promovem uma sociedade mais equilibrada.

Setores Estratégicos para Investimento:

Energias renováveis.

Biotecnologia.

Tecnologia e saúde.

Investir em empresas inovadoras e responsáveis pode ser tanto uma estratégia de retorno financeiro quanto uma contribuição para um futuro mais sustentável.

2.2 Educação Financeira como Pilar Fundamental

O investimento mais impactante para o futuro é o conhecimento financeiro. Ensinar crianças e jovens sobre finanças pode transformar gerações inteiras.

Práticas que Funcionam:

Incorporar aulas de finanças no ambiente escolar.

Conversas familiares sobre orçamento e investimentos desde cedo.

Incentivar práticas de poupança e investimentos.

Por que isso é importante? Dados mostram que famílias com boa educação financeira têm menores índices de inadimplência e mais segurança patrimonial ao longo do tempo.

2.3 Ferramentas de Investimento Focadas no Bem-Estar e Educação

Investimentos que focam em educação e bem-estar são fundamentais para deixar um impacto duradouro:

Fundos de bolsas de estudo.

Parcerias com programas educacionais.

Investimentos em empresas sociais.

Essas ações não apenas criam um futuro financeiro sólido para a família, mas também impactam diretamente a sociedade.

Seção 3: Impacto Social e Filantropia

3.1 O Papel dos Investimentos Sociais

Os investimentos de impacto social combinam retorno financeiro com o compromisso de resolver problemas sociais e ambientais.

Setores-chave para Impacto Social:

Saúde.

Educação.

Sustentabilidade.

Empoderamento social.

Investir em empresas inovadoras ou em fundos sociais é uma decisão estratégica que traz resultados tanto para o portfólio quanto para a transformação social.

3.2 Explorando Alternativas: Filantropia e Transformação Social

A filantropia vai além de simples doações. É um ato estratégico, com o potencial de transformar realidades de longo prazo.

Modelos Estratégicos de Filantropia:

Doações periódicas para causas específicas.

Criação de fundações familiares.

Investimentos em iniciativas sociais com retorno sustentável.

Conclusão: O Poder do Impacto com Propósito

Construir um legado financeiro é mais do que deixar patrimônio para a próxima geração. É sobre:

Transmitir valores sólidos.

Educar sobre gestão financeira.

Promover o bem-estar social por meio de investimentos.

Cada decisão financeira deve carregar o propósito de criar um futuro sustentável e inspirador para as próximas gerações.

Lembre-se: você tem a oportunidade de moldar o futuro através de cada decisão financeira. Ao criar um legado estruturado e com propósito, seu impacto será lembrado por muitas gerações.

Resumo Prático do Capítulo:

Planeje seu patrimônio e sucessão com clareza.

Eduque as próximas gerações financeiramente desde cedo.

Escolha investimentos com impacto social positivo.

Utilize estratégias tributárias para proteger seu legado.

Pequenas escolhas financeiras hoje geram um futuro próspero e com impacto para amanhã.

Capítulo 33: Construindo Relações Positivas com o Dinheiro

Introdução: O Poder da Sua Relação com o Dinheiro

Você sabia que suas emoções, experiências e crenças moldam diretamente sua relação com o dinheiro? Como você pensa sobre finanças, investimentos e escolhas diárias define o seu bem-estar financeiro. Construir uma relação positiva com o dinheiro vai além de simples planilhas de orçamento ou investimentos bem-sucedidos; envolve autoconhecimento, equilíbrio emocional e propósito.

Neste capítulo, vamos explorar como suas crenças e valores afetam suas decisões financeiras e mostrar estratégias práticas para transformar esses insights em ações positivas e equilibradas. Vamos juntos descobrir como investir alinhado ao seu propósito e criar uma relação saudável, que favoreça seu crescimento pessoal, financeiro e social.

Seção 1: Refletindo Sobre Crenças e Valores Pessoais

1.1 Entendendo Suas Crenças sobre Dinheiro

Suas crenças financeiras são como um GPS interno, guiando suas decisões. Elas surgem com base em sua educação, experiências familiares, cultura e ambiente social. Algumas crenças podem impulsioná-lo para o sucesso financeiro; outras podem ser limitantes, como "dinheiro é difícil de conseguir" ou "não posso investir porque não sei o suficiente".

Pergunte a si mesmo:

Como você foi ensinado a lidar com o dinheiro desde pequeno?

Que memórias financeiras formaram sua visão sobre investimentos e oportunidades?

Você percebe que alguma crença está restringindo suas decisões financeiras?

O primeiro passo para transformar sua relação com o dinheiro é se tornar consciente desses padrões. Identificar esses pontos limitantes e questionar sua validade é libertador.

1.2 Desafiando Crenças Limitantes

As crenças limitantes geralmente nos prendem em padrões repetitivos, nos impedindo de avançar e de aproveitar oportunidades financeiras. Reconhecer que você tem o poder de mudar essas crenças pode ser o divisor de águas em sua jornada financeira.

Estratégias para Desafiar Crenças:

Escreva suas crenças financeiras mais frequentes. Coloque no papel aquilo que você acredita sobre dinheiro e faça perguntas objetivas sobre essas crenças. Elas são baseadas em fatos ou apenas em experiências passadas?

Reformule suas crenças de maneira positiva. Por exemplo: em vez de pensar "não consigo poupar dinheiro", diga "estou aprendendo a poupar todos os dias, e estou no caminho certo".

Busque conhecimento. A falta de informação cria espaço para o medo e a insegurança. Investir em educação financeira quebra barreiras e reforça a autoconfiança.

Seção 2: Estratégias para Construir uma Relação Saudável com o Dinheiro

Agora que você está mais consciente sobre suas crenças financeiras, é hora de adotar práticas positivas no seu dia a dia. Vamos explorar algumas abordagens estratégicas para equilibrar suas emoções financeiras, administrar seu orçamento e alcançar seus objetivos.

2.1 Invista no Poder do Conhecimento: Educação Financeira

O conhecimento é seu maior aliado para tomar decisões financeiras conscientes. Quanto mais você sabe, menos vulnerável se torna às emoções no momento de investir.

Estratégias para buscar conhecimento financeiro:

Leia livros especializados sobre finanças e investimentos.

Participe de workshops e cursos online.

Procure a orientação de consultores financeiros qualificados.

Lembre-se: conhecimento é liberdade. Com ele, você pode transformar inseguranças em oportunidades.

2.2 Pratique Controle Emocional para Decisões mais Racionais

O dinheiro é emocional. Decisões impulsivas baseadas em medo, ganância ou estresse podem levar a escolhas financeiras desastrosas. Por isso, o autocontrole é uma habilidade fundamental.

Dicas para controlar emoções no contexto financeiro:

Diferencie sentimento de necessidade. Evite compras impulsivas que surgem da ansiedade.

Mantenha-se objetivo com metas claras e prazos definidos.

Avalie riscos com base em dados, não em emoções.

Controle emocional transforma incertezas em decisões bem fundamentadas.

2.3 Planeje com Propósito: Orçamento e Estratégias Personalizadas

Planejamento financeiro é um dos maiores aliados para alcançar objetivos. Criar um orçamento não significa restrição, mas sim controle e clareza sobre onde seus recursos estão sendo investidos.

Passos para um Planejamento Eficiente:

Defina metas financeiras claras e realizáveis.

Curto prazo: pagar uma dívida ou fazer uma viagem.

Longo prazo: aposentadoria ou independência financeira.

Acompanhe seus gastos e faça ajustes onde necessário. Utilize aplicativos ou planilhas financeiras para monitorar despesas.

Gaste com equilíbrio e invista regularmente.

A chave está no equilíbrio entre economizar, investir e viver com propósito.

Seção 3: Investindo com Propósito - Conectando Dinheiro e Significado

Investir não deve ser apenas sobre retorno financeiro; deve refletir seus valores e aspirações pessoais. Quando você investe com propósito, cada decisão se torna mais significativa.

3.1 O Que Significa Investir com Propósito?

Investir com propósito significa direcionar seus recursos para causas ou objetivos alinhados aos seus valores pessoais, sejam eles sociais, ambientais ou familiares.

Exemplos inspiradores:

Investir em empresas com práticas sustentáveis.

Destinar recursos para educação e projetos sociais.

Criar fundos para garantir o bem-estar da família ou deixar um legado positivo.

Por que isso é importante?

Quando você alinha seu dinheiro a algo maior do que você mesmo, encontra maior satisfação em suas escolhas financeiras.

Seção 4: Liberdade Financeira e Impacto Social

A verdadeira liberdade financeira transcende a ausência de dívidas ou investimentos bem-sucedidos. É a capacidade de usar seus recursos para criar impacto positivo no mundo.

Impacto Social: Direcione recursos para causas relevantes como saúde, educação e sustentabilidade.

Filantropia: Compartilhe seu conhecimento e recursos para capacitar pessoas e gerar mudanças estruturais.

Ao viver a liberdade financeira dessa forma, você se torna um agente de mudança positivo.

Conclusão: Reescrevendo Sua História Financeira

Construir relações positivas com o dinheiro é um processo contínuo. É um compromisso consigo mesmo, focado em autoconhecimento, planejamento, controle emocional e propósito. Ao adotar práticas conscientes, você não apenas melhora sua situação financeira, mas também encontra um propósito maior em suas decisões.

Lembre-se: você está no controle da sua jornada financeira. Comece agora, reflita, planeje e viva uma vida alinhada aos seus valores.

Sua relação com o dinheiro pode ser sua maior ferramenta para liberdade, propósito e impacto. Que tal dar o primeiro passo hoje?

Capítulo 34: Vivendo uma Vida Rica Além do Dinheiro

Introdução: Redefinindo a Riqueza

A busca pela riqueza vai muito além do simples acúmulo de bens materiais e do dinheiro. O verdadeiro significado da riqueza reside em encontrar harmonia, equilíbrio e propósito em todas as dimensões da nossa existência. Ao refletirmos sobre o conceito de riqueza sob uma perspectiva holística, somos convidados a explorar aspectos emocionais, sociais, espirituais e físicos que preenchem nossa vida com significado.

Neste último capítulo, propomos uma jornada inspiradora para redefinir o que significa realmente viver uma vida rica. Vamos explorar como saúde, propósito, conexões interpessoais, autocuidado, gratidão e contribuições altruístas formam os pilares de uma existência repleta de significado.

Prepare-se para embarcar em uma reflexão profunda sobre como se libertar da visão limitada do dinheiro e abrir-se para uma experiência completa e abundante de vida.

Seção 1: A Abordagem Holística da Riqueza

Redefinir a riqueza exige uma mudança de perspectiva: entender que ela vai além de posses materiais. A verdadeira riqueza integra dimensões físicas, emocionais, sociais, espirituais e mentais, criando uma vida equilibrada e plena.

1.1 Saúde e Bem-Estar: O Alicerce para uma Vida Plena

Sua saúde física e mental é o ponto de partida para alcançar qualquer objetivo ou viver qualquer sonho. A base para uma vida vibrante e produtiva reside no autocuidado consciente.

Práticas Essenciais para Saúde e Equilíbrio:

Alimentação consciente: Nutrir seu corpo com alimentos naturais e bem equilibrados.

Exercício regular: A prática de atividades físicas como dança, yoga ou caminhada pode elevar sua autoestima e saúde emocional.

Sono reparador e descanso: Priorizar qualidade de sono é fundamental para recuperar energia e regular suas emoções.

Gerenciamento do estresse: Práticas como meditação e respiração consciente promovem clareza e tranquilidade.

Lembre-se: Sua saúde é seu maior investimento. Sem ela, nada mais se sustenta.

1.2 Relações Significativas: O Poder das Conexões Humanas

Relacionamentos autênticos e profundos têm o poder de transformar nossa percepção de felicidade e realização. Nossos laços são o reflexo de nosso afeto, compaixão e apoio mútuo.

Cultivando Relações Significativas:

Dedique tempo para estar com quem realmente importa.

Pratique a escuta ativa: Ouvir é um ato de amor e atenção.

Ofereça apoio e reciprocidade: Relações bem-sucedidas são construídas através de cuidado e ajuda mútua.

Conclusão: Conexões humanas não apenas nos preenchem emocionalmente, mas criam uma rede de apoio para enfrentar desafios.

1.3 Propósito e Realização: A Jornada para uma Vida Significativa

O propósito é a força que nos impulsiona. Ele está ligado ao que amamos fazer, aos nossos valores e à nossa contribuição para o mundo.

Como encontrar seu propósito?

Reflita sobre suas paixões: O que te traz alegria ou te faz perder no tempo?

Identifique seus talentos: Como suas habilidades podem beneficiar os outros?

Defina metas alinhadas ao seu "porquê."

Metas SMART (Específicas, Mensuráveis, Alcançáveis, Relevantes e Temporais): Essas metas ajudam a transformar aspirações em ações claras e tangíveis, permitindo que você crie planos concretos para seu propósito de vida.

Seção 2: Práticas para Cultivar Gratidão e Mindfulness

A gratidão e a prática da atenção plena (mindfulness) são poderosas ferramentas para alterar a perspectiva sobre a vida e enxergar abundância no presente.

2.1 Praticando a Gratidão: Um Caminho para a Felicidade

Gratidão não é apenas um sentimento, mas uma prática diária. Quando você se concentra no que possui, em vez no que falta, transforma sua mente e suas emoções.

Como praticar a gratidão?

Mantenha um diário de gratidão. Escreva três coisas pelas quais você é grato todos os dias.

Agradeça verbalmente às pessoas importantes em sua vida.

Observe pequenas bênçãos diárias: o céu azul, um sorriso ou uma conversa afetuosa.

Efeito da Gratidão: Estudos sugerem que a gratidão reduz estresse, melhora o humor e promove uma sensação de abundância emocional.

2.2 Mindfulness: Estando Presente no Momento

O mindfulness nos ensina a estar totalmente presentes, conscientes de nossos pensamentos e experiências sem julgamento. Ele reduz a ansiedade e aprimora nossa capacidade de lidar com desafios.

Práticas para começar o mindfulness:

Reserve 10 minutos por dia para meditar, focando na respiração.

Durante atividades comuns (como comer ou caminhar), concentre-se totalmente na experiência sensorial.

Utilize aplicativos de meditação guiada.

Benefícios: Maior foco, redução da ansiedade e equilíbrio emocional.

Seção 3: Contribuindo para um Propósito Maior - Impacto Social e Realização

Contribuir para algo maior que você mesmo é um dos caminhos mais profundos para alcançar satisfação e realização pessoal.

3.1 Encontre Propósito Através do Altruísmo

Dedicar tempo, habilidades ou recursos para ajudar os outros fortalece seu sentimento de pertencimento e propósito.

Algumas formas de contribuir:

Participar de projetos sociais ou ONGs.

Oferecer mentoria para quem precisa.

Doar para causas importantes e alinhadas aos seus valores.

A recompensa do altruísmo vai além da compensação material. A sensação de estar contribuindo para algo significativo é transformadora.

Abraçando uma Vida Rica e Significativa - O Que Você Quer TER Quando Crescer?

Chegamos ao fim desta jornada inspiradora e transformadora, um convite para refletir sobre como criar uma vida que transcende apenas os números em sua conta bancária. A proposta deste livro foi sempre clara: explorar o conceito de riqueza não como um destino financeiro, mas como um estilo de vida completo, fundamentado em propósito, equilíbrio, autocuidado e realização emocional.

O Significado da Riqueza Vai Além do Dinheiro: Você foi convidado a explorar a ideia de que a verdadeira abundância se encontra em cultivar um equilíbrio entre saúde, relacionamentos, paixões, autocuidado e objetivos pessoais. A inteligência emocional, o propósito e as metas alinhadas aos seus valores são ferramentas poderosas para desbloquear seu potencial interior e buscar felicidade genuína.

Ao longo desta trajetória, aprendemos que é possível combinar estratégias financeiras modernas — fintechs, inteligência artificial, blockchain e investimentos conscientes — com autocuidado e equilíbrio emocional. O verdadeiro sucesso está em encontrar harmonia entre ambições financeiras e qualidade de vida.

O Convite Final: Agora, é hora de você assumir o controle da sua própria história. As lições deste livro são um lembrete: você é o protagonista da sua vida. Cada decisão é uma oportunidade para investir em você mesmo, na sua felicidade e no impacto positivo que pode deixar no mundo.

Passos para seu futuro:

Aplique as estratégias financeiras com sabedoria.

Cultive hábitos de autocuidado e atenção plena.

Construa relacionamentos significativos e priorize o tempo com quem realmente importa.

Permita-se buscar um propósito claro e conectar-se com aquilo que realmente te preenche.

Com coragem, determinação e foco no seu bem-estar, você estará pronto para viver a vida extraordinária que realmente deseja.

Obrigado por embarcar nesta jornada de autoconhecimento e crescimento comigo. Lembre-se: a verdadeira riqueza transcende o dinheiro. Ela está na alegria de viver, no amor, no propósito, na gratidão e nas conexões que construímos todos os dias. Agora, você tem o poder de transformar seus sonhos em realidade. O futuro é seu para conquistar. Viva-o com paixão, propósito e confiança.

Com entusiasmo,
Seu guia nesta jornada em busca de uma vida rica e significativa. 🚀✨

Dedicatória

Dedico este livro a todos aqueles que foram pilares fundamentais em minha jornada, oferecendo apoio, inspiração e ensinamentos ao longo do meu caminho.

À minha amada avó, Filipa Mota de Andrade, cuja memória e sabedoria continuam a iluminar minha vida. Ela partiu, mas deixou um legado eterno de amor, bondade e ensinamentos que sempre viverão em meu coração.

Aos meus pais, Adilson Mota de Andrade e Dilma Gonçalves da Silva, por me ensinarem desde cedo o valor do esforço, da dedicação e da integridade. Vocês foram minha base sólida, meu apoio e minha motivação para sempre buscar evoluir em todas as áreas da minha vida.

Este livro é, acima de tudo, uma homenagem a todos vocês que deixaram marcas indeléveis em minha alma. Cada página representa a gratidão, o amor e a admiração que sinto por terem me guiado com paciência, confiança e sabedoria em todos os momentos.

Obrigado por acreditarem em mim e por me proporcionarem a força para transformar sonhos em realidade.